I0825500

También de John Mark Comer

Elimina la prisa de tu vida

Practica el camino

Vivir sin mentiras

Dios tiene un nombre

Garden City

Trabajo, descanso
y el arte de ser humano.

John Mark Comer

Título original: *Garden City: Work, Rest, and the Art of Being Human*

Primera edición: junio de 2026
Esta edición es publicada bajo acuerdo con
HarperCollins Publishing, Inc

Publicado por ORIGEN®, marca registrada de
Penguin Random House Grupo Editorial USA, LLC

Traducción: Eloida Viegas

8950 SW 74th Court, Suite 2010
Miami, FL 33156

Impreso en Colombia / *Printed in Colombia*

ISBN: 979-8-89098-482-1

En *Garden City*, John Mark Comer guía al lector por un recorrido: desde la creación hasta la ciudad celestial definitiva. Pero se trata de un viaje diseñado para que cada uno de nosotros descubra cuál es su lugar dentro del buen plan de Dios para asociarse con nosotros en la redención de toda la creación. En el centro mismo de este planteamiento se encuentra la magnífica reflexión de Comer sobre el trabajo, una reflexión que considero pastoralmente madura y, a la vez, una exhortación para que entendamos que todo lo que hacemos tiene valor delante de Dios. *Garden City* destila una pasión contagiosa por las ideas más grandes y transformadoras de la Biblia.

> **Scot McKnight**, profesor Julius R. Mantey del Nuevo Testamento, Northern Seminary

Se está produciendo un despertar en la iglesia occidental. Estamos redescubriendo que la misión de Dios abarca toda la creación, no solo el trabajo eclesial, y que Su propósito es que seamos personas plenas, no solo discípulos religiosos. El libro de John Mark Comer aviva este despertar con una lúcida y accesible exposición de verdades bíblicas olvidadas sobre la importancia de nuestra identidad como mujeres y hombres creados a imagen de Dios, el valor de nuestras vocaciones en el mundo y una visión deslumbrante del hermoso futuro que hoy estamos construyendo junto con Dios. Quien lea este libro contemplará su vida, su trabajo y su mundo con nuevos ojos.

> **Skye Jethani**, autor de *With*, *Futureville* y *With God Daily Devotional* (WithGodDaily.com)

Su estilo de escritura es informal y contagioso, y va ganándose al lector a medida que los temas se vuelven más íntimos.

Publishers Weekly (reseña de *Loveology*, de John Mark Comer)

¿Le importa a Dios el trabajo que hacemos, en una oficina, fábrica, cocina o estudio? ¿Está «la obra del Señor» reservada únicamente a quienes reciben un salario de iglesias u organizaciones sin ánimo de lucro? En *Garden City*, la habilidad única de John Mark para destilar complejos conceptos académicos en una prosa práctica y accesible se centra en la interconexión —enorme y a menudo pasada por alto— entre fe y vocación. Conociéndolo como lo conocemos, es fácil percibir en estas páginas su profundo anhelo de conocer y vivir el camino de Jesús, y de dedicarse a un trabajo que importe en el plan redentor de Dios.

Los ancianos de Bridgetown Church

#gardencity

Si disfrutas de la lectura, por favor, cuéntaselo a tus amigos.

La senda

Génesis 1–2

Luego dijo Dios: «Hagamos al ser humano a nuestra imagen y semejanza. Que tenga dominio sobre los peces del mar y sobre las aves del cielo; sobre los animales domésticos, sobre los animales salvajesy sobre

todos los animales
que se arrastran
por el suelo». Y Dios
creó al ser humano
a su imagen; lo creó
a imagen de Dios;
hombre y mujer
los creó. Y Dios los
bendijo con estas
palabras: «¡Sean
fructíferos y multi-
plíquense; llenen la
tierra y sométanla;

dominen a los peces del mar y a las aves del cielo, y a todos los animales que se arrastran por el suelo!». Así quedaron terminados los cielos y la tierra y todo lo que hay en ellos. Al llegar el séptimo día, Dios descansó porque había terminado toda la obra que había emprendido. Dios bendijo el séptimo día y lo santificó porque en ese día descansó de toda su obra creadora. Dios el Señor plantó un jardín al oriente del Edén y allí puso al hombre que había formado. Dios el Señor hizo que creciera toda clase de árboles atractivos a la vista y buenos para comer. En medio del jardín hizo crecer el árbol de la vida y también el árbol del conocimiento del bien y del mal. Del Edén nacía un río que regaba el jardín y desde allí se dividía en cuatro ríos menores. El primero se llamaba Pisón y recorría toda la región de Javilá, donde había oro. El oro de esa región era fino; también había allí resina muy buena y piedra de ónice. El segundo se llamaba Guijón, que recorría toda la región de Cus. El tercero se llamaba Tigris, que corría al este de Asiria. El cuarto era el Éufrates. Dios el Señor tomó al hombre y lo puso en el jardín del Edén para que lo cultivara y lo cuidara.

Bienvenido al arte de ser humano

El otro día salí a tomar un café con mi amigo Dave.

Vivo en Portland, que es básicamente la mejor ciudad del mundo para el café.[1] Lamentablemente, no es la mejor ciudad para el sol. Aquí llueve. Mucho. Así que pasamos buena parte del año hibernando en las cafeterías, esperando a que ese extraño objeto amarillo en el cielo vuelva a aparecer.

Y todo esto me lleva a Dave.

Dave me había pedido que nos viéramos para hablar de su lucha contra la depresión. Por desgracia, soy algo parecido a un experto en la materia. Mi propio enredo con la depresión fue brutal y aterrador, pero logré superarla, y aquí estoy. Un hombre mejor precisamente por ello, por extraño que parezca. Aprendí bastante durante los años que pasé en las fauces de la bestia, y siempre estoy dispuesto a ayudar en lo que pueda.[2]

Dave no era del tipo suicida ni nada por el estilo, solo se sentía infeliz. Pero no tenía ni idea de por qué. Repetía una y otra vez: «No lo entiendo. Sigo a Jesús. Y tengo una gran vida. ¿Por qué estoy deprimido?».

Yo opino que la depresión es más un síntoma que una enfermedad. Que hay algo en tu vida que está causando la depresión.[3] Así que, por lo general, con alguien como Dave empiezo a escarbar. ¿Qué hay debajo de la depresión? ¿Cuál es la raíz subyacente?

Dave tuvo la paciencia de soportar mi interrogatorio: «¿Estás durmiendo lo suficiente? ¿Cómo estás comiendo? ¿Haces ejercicio? Háblame de tu vida de oración. ¿Cómo va tu matrimonio?». Fui implacable. Pero a él no se le ocurría nada que estuviera mal en su vida.

Entonces comencé a hacerle preguntas sobre su trabajo:

—¿Te gusta lo que haces?

—Es un buen trabajo —respondió.

—Sí, pero ¿te gusta lo que haces? ¿Te despiertas por la mañana con una sensación de expectativa? ¿Con entusiasmo por el día que empieza?

—Bueno, no, la verdad es que no.

Y con razón. Resulta que Dave había sido un Navy Seal. En toda regla. Podía aguantar la respiración bajo el agua como tres días.[4] Después de dejar la Marina, regresó a Portland y se hizo cargo del negocio de iluminación de su padre. Era un ingreso estable. Muy buen sueldo. Pudo comprar una casa y vivir bien. Solo había un detalle: le importaba un comino la iluminación. Quiero decir, si buscabas una buena oferta en fluorescentes comerciales, él era tu hombre. Pero no era lo suyo. Pasó de un trabajo que exigía llevar su cuerpo al límite y arriesgar la vida todos los días a un escritorio frío de metal con una superficie laminada y una computadora atrapada en Excel.

Así que le formulé a Dave una de mis preguntas favoritas: «Si pudieras hacer cualquier cosa, ¿a qué te dedicarías?». Empezó a moverse en la silla. La incomodidad se reflejaba en su cara.

La mayoría de nosotros tememos demasiado a pensar siquiera en esa pregunta. Las probabilidades de desilusión son altísimas.

De hecho, es muy probable que ahora mismo te sientas como Dave y las preguntas recorran tu mente.

¿Y qué nos indica que miles de millones de personas en el mundo vivan al día? Tienen suerte si logran sobrevivir. Amar lo que haces es un lujo de ricos.

¿Y por qué, incluso aquí, en los Estados Unidos, resulta increíblemente difícil ganarse apenas la vida, a menos que vengas de una familia con dinero? La clase media está desapareciendo. Millones de estadounidenses están subempleados: trabajan en empleos de salario mínimo con una maestría de Stanford. Estados Unidos ya no es lo que era.

¿Y por qué la mayoría de las personas odian lo que hacen? Temen ir al trabajo cada día. Es la definición misma del trabajo duro: agotador y difícil.

Todas estas son preguntas legítimas e inteligentes, y hablaremos de ellas más adelante. Por ahora, deja tu ansiedad a un lado. Quiero que permanezcas en la incomodidad de la pregunta que le hice a Dave: «Si pudieras hacer cualquier cosa…».

Tras un silencio incómodo, Dave respondió: «Bueno, supongo que me encantaría ser agente de policía».

Así que, le hice la pregunta inmediata de seguimiento: «¿Por qué no lo dejas sencillamente? ¿Por qué no lo intentas?».

Enseguida inició una letanía de razones por las que no podía hacerlo: el negocio familiar, su padre dependía de él, su esposa, la seguridad de ser papá, y así sucesivamente. Aunque estaba un poco nervioso, sentí que estábamos llegando a algo importante.

Al final de nuestra conversación me limité a decirle: «Dave, lo que yo haría es ir a casa, hablar con tu esposa y después con tu padre. Piensa y ora. ¿Por qué no lo intentas al menos?».

Avancemos ahora unos seis meses. Llevaba tiempo sin ver a Dave y no había sabido nada más sobre nuestra conversación (sí, lo admito, soy un mal amigo). Pero cuando me lo volví a encontrar lo vi radiante. Era obvio que algo había cambiado.

Resulta que lo había hecho. Renunció al negocio familiar y su padre lo aceptó sin problema. Y consiguió un empleo en el departamento de policía local. Tuvo que empezar desde abajo, pero por primera vez en años, se despertaba antes de que sonara el despertador.

Dave seguía siendo el mismo hombre. Tenía la misma esposa, la misma familia, la misma iglesia, la misma ciudad, la misma rutina de ejercicios, iba a la misma cafetería, tenía el mismo césped que cortar, el mismo dentista.

Lo único que cambió fue su trabajo, lo que se levantaba a hacer cada día.

¿Por qué? ¿Cómo es posible que algo tan rutinario y ordinario como un trabajo lo cambiara todo para Dave?

Yo diría que es porque lo que hacemos es central para nuestra humanidad.

¿Cuál es la primera pregunta que solemos hacerle a alguien cuando lo conocemos? (tras escuchar su nombre y balbucear unas cuantas frases torpes sobre el clima).

«Entonces, ¿a qué te dedicas?».

Admito que suele ser más una pregunta de hombres. Las mujeres suelen preguntar: «¿Estás casada? ¿Soltera? ¿Tienes hijos?», preguntas sobre las relaciones.[5]

Pero, en esencia, son la misma pregunta: ¿A qué estás dedicando tu vida? Cuando te despiertas cada mañana, ¿qué haces con tu pequeña ración de oxígeno?

Circula un rumor desagradable en la iglesia en este momento y suena más o menos así: «lo que importa es quién eres, no lo que haces».

¿De verdad? ¿En qué parte de las Escrituras nos enseñan eso?

Es cierto que algunos de nosotros buscamos nuestra identidad y un sentido de valía personal en lo que hacemos.

Soy fotógrafo.

Soy diseñador.

Soy pastor.

Hoy en día existe una reacción muy necesaria contra esta manera poco saludable de pensar. Pero, cuidado: no dejes que el péndulo proverbial te golpee en la cabeza. Lo que hacemos fluye de lo que somos. Ambas cosas importan.

Al fin y al cabo, pasamos la mayor parte de nuestra vida trabajando.

Y con trabajo no me refiero solo a un empleo o una carrera. El trabajo es mucho más que aquello por lo que recibimos un salario. Es preparar la cena, limpiar el apartamento, lavar el auto, hacer ejercicio, llevar a cabo diligencias… las cosas de la vida cotidiana.

Y la siguiente porción más grande de ese diagrama circular la pasamos descansando.

Y con descanso no me refiero únicamente al antiguo ritual del sábado (aunque entraremos en ello con detalle). Me refiero a dormir, al día libre, al tiempo en el sofá con una buena novela o película, al *brunch* con los amigos, a las vacaciones, las cosas que esperamos con ansias y saboreamos. Los momentos en que anhelamos que la vida tuviera un botón de pausa.

En la iglesia solemos dedicar la mayor parte de nuestro tiempo a enseñar a las personas cómo vivir la parte más breve de su vida.[6]

Dirijo una iglesia, así que no estoy criticando a nadie más que a mí mismo aquí. Soy culpable de lo que se me acusa. Enseño a las personas a leer las Escrituras, a orar, a hacer cosas de Dios. Pero ¿cuánto tiempo pasamos leyendo la Biblia cada día? ¿Media hora, tal vez? ¿Y cuánto tiempo pasamos en oración? Sé que eso es un poco difícil de medir, así que haz una estimación. Yo aparto una hora cada mañana para leer y orar, pero aun así, eso es solo una diminuta fracción de mi vida.[7]

Lo que quiero decir es que son matemáticas básicas.

La mayoría de nosotros dormimos unas ocho horas al día. Después nos levantamos y vamos al trabajo durante otras ocho horas, si no más. Pero incluye más o menos una hora para desplazarte, en tu bicicleta si vives en mi ciudad, en autobús o en tu auto. Añade un tiempo para echar gasolina o para una taza de café. Además, comer y ocuparte de tu lista de cosas por hacer son dos horas más. Y contemos otra hora para hacer ejercicio. Así nos salen ocho horas de descanso al día y doce horas de trabajo. Esto nos deja cuatro horas libres al día.

Y todos sabemos en qué vas a usar esas cuatro horas...

En Netflix.

En serio, lo único que tenemos son unas pocas horas al día para las Escrituras, la oración, la iglesia, la comunidad, el evangelio, todo lo espiritual. Y eso si sacrificas al dragón de Netflix y dedicas cada minuto de tu tiempo libre a cultivarte espiritualmente.

Sinceramente, ¿vive alguno de nosotros de esta manera?

A lo que quiero llegar es a esto: en la iglesia es necesario hablar de toda la vida. Lo que significa ser discípulo de Jesús en la iglesia *y* en nuestro trabajo, en la escuela, en el gimnasio, en la cafetería, en el día libre, cuando vamos de compras, al cine o a una cita, y así sucesivamente.

Esto significa que tenemos que hablar del trabajo, porque ocupa la mayor parte de nuestra vida.

Con demasiada frecuencia existe una enorme desconexión entre la «vida espiritual» y la vida. El camino de Jesús no consiste en desprenderse del mundo y esconderse en una cueva en la montaña como alguien atrapado en un episodio de *Perdidos*. Jesús fue obrero de la construcción, durante décadas, en una aldea llamada Nazaret. Luego fue rabino, es decir, maestro. Su camino trata de vivir una vida integrada y sin fisuras, donde desaparece la polarización entre lo sagrado y lo secular, y toda nuestra existencia se convierte en una inmersión total en lo que Jesús llamó el reino de Dios. Pero esto nunca sucederá a menos que recuperemos una teología del trabajo, del descanso y del arte de ser humanos.

La pregunta central de este libro, la que impulsa cada página, es: ¿qué significa ser humano?

Dicho de otro modo: ¿por qué existimos? ¿Para qué estamos aquí? ¿Cuál es nuestro sentido? ¿Nuestro propósito? ¿Existe realmente alguno?

Cada religión y cada forma de espiritualidad intenta dar algún tipo de respuesta a estas preguntas primordiales y ancestrales. Porque todos nacemos con este interrogante inquietante en el fondo de la mente.

Ahora bien, en la iglesia solemos dar una respuesta que suena espiritual. Pienso en el icónico Catecismo de Westminster: «El fin principal del hombre es glorificar a Dios y gozar de él para siempre».

Claro. Por supuesto. Quiero decir, ¿quién podría estar en desacuerdo con eso?

Pero, como quizá sepas, o no, las Escrituras comienzan con un tipo de respuesta muy distinta. Una mucho más terrenal. Literalmente.

En Génesis, Dios dice:

> Hagamos al ser humano a nuestra imagen y semejanza, para que tenga dominio…

Ahí lo hemos tenido delante todos estos años.

¿Por qué creó Dios a la humanidad? «Para que tenga dominio». En hebreo, el idioma original, es aún más claro. El texto puede traducirse: «Dios creó al ser humano con el fin de gobernar».[8] Tú y yo fuimos creados para gobernar la tierra. Ese es nuestro sentido, nuestro propósito: es la razón por la que existimos.

Este lenguaje de gobernar suena un poco extraño para la mayoría de nosotros. Dudo que la última vez que tu jefe te preguntó qué estabas haciendo, respondieras: Solo gobernando mi correo electrónico. Ya entraremos en detalle sobre lo que significa gobernar, pero por ahora digamos simplemente que se parece mucho a lo que llamamos trabajo.

El mantra de nuestra cultura es que trabajamos para vivir. El sueño americano —que comenzó como una idea brillante de que todos deberían tener la oportunidad de una vida feliz— se ha degradado con los años hasta convertirse en un deseo narcisista de ganar la mayor cantidad de dinero posible, en el menor tiempo y con el menor esfuerzo posible, para así salir del trabajo e ir a hacer otra cosa.

Qué manera tan miserable de vivir.

Me llama la atención que varias personas que conozco, que hicieron mucho dinero y se jubilaron jóvenes, sean infelices. Malhumorados. Cascarrabias. Ansiosos.

Es como si hubieran perdido algo central de lo que son.

En la visión de Génesis sobre lo humano, no trabajamos para vivir; vivimos para trabajar. Lo dice sin rodeos: fuimos creados para gobernar, para hacer algo con el mundo de Dios.

Por eso, el desempleo resulta tan desgarrador y deprimente para las personas.

Por eso, quienes odian aquello que hacen para ganarse la vida están insatisfechos, sin importar cuánto dinero ganen.

Por eso, las personas mayores o con discapacidades suelen sentirse infelices y desean con desesperación contribuir a la sociedad.

Porque cuando dejamos de trabajar, perdemos una parte de lo que somos.

Y lo mismo es cierto respecto al descanso. Cuando lo único que hacemos es trabajar y trabajar, día tras día, sin espacio, sin margen, desgastamos nuestra alma hasta el hueso. Nos volvemos más máquinas que seres humanos.

Así que, quienquiera que seas y hagas lo que hagas…

Seas estudiante universitario.

Madre.

Camarero de bar.

Ingeniero.

Bibliotecaria.

Artista.

Físico.

Cajero/a en el mercado local.

Este libro es para ti.

Y este libro es para mí.

Porque este libro no trata de cómo avanzar en tu carrera ni de cómo adornar tu currículum. La esencia de este libro tiene que ver con trabajar, descansar y vivir una existencia plena. Con la «vida espiritual» invadiendo toda la vida. Y con despertar a un mundo saturado de Dios.

Entremos en materia…

Parte 1

El trabajo

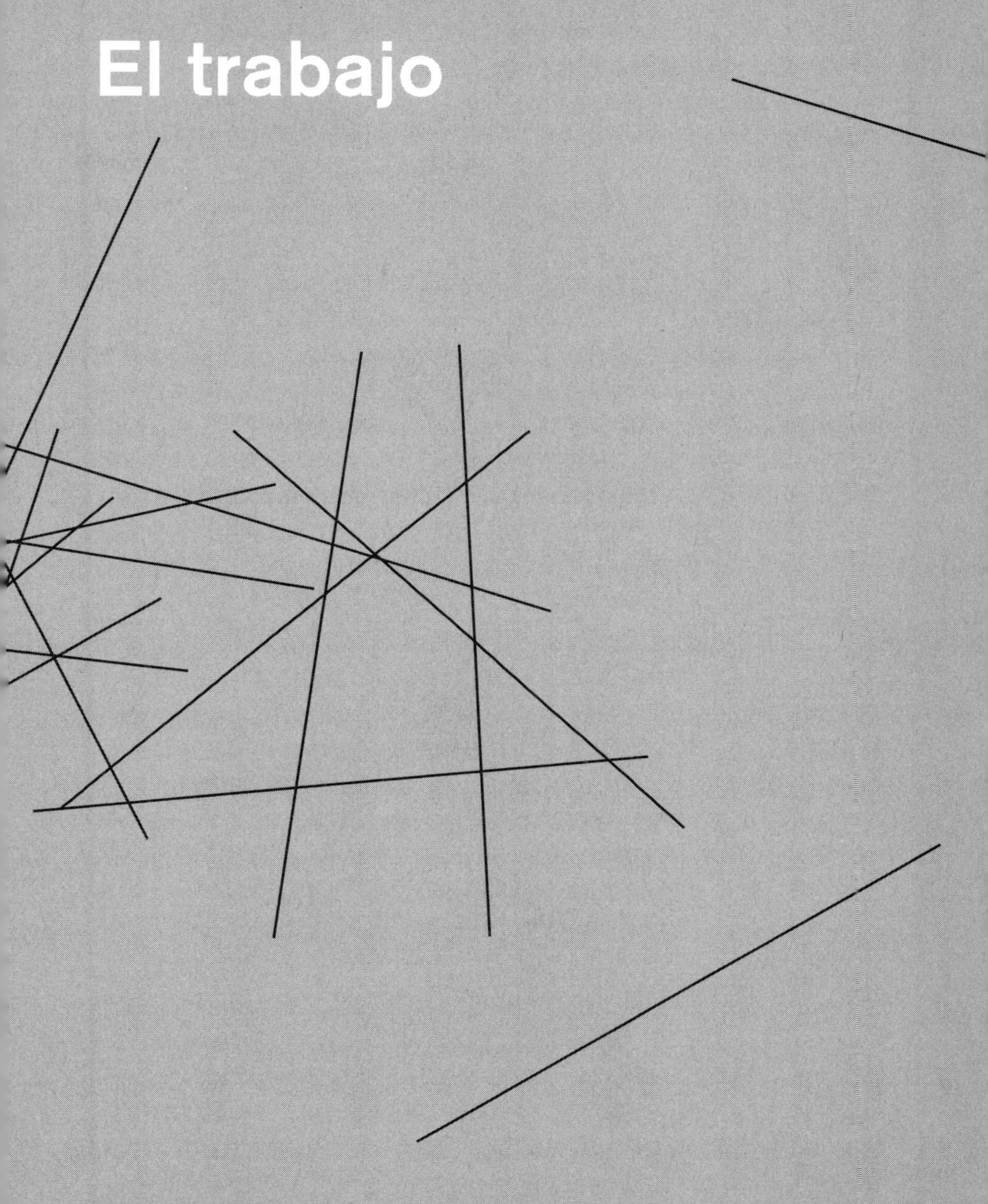

Reyes y reinas

¿Por qué será que tantas de nuestras historias culturales —en la literatura, el arte y el cine— giran en torno a príncipes y princesas, reyes y reinas? Es siempre la misma historia, una y otra y otra vez… un niño o una niña, salido de la oscuridad y de la más absoluta pobreza, hace algo heroico y de algún modo se convierte en realeza.

¿Por qué ocurre esto?

Yo diría que se debe a que conecta con una parte visceral de lo que somos: un anhelo que todos tenemos como seres humanos, por más que intentemos reprimirlo, ignorarlo, negarlo o burlarnos de él… sigue ahí.

Dios lo puso ahí.

En algunos de ustedes, está bajo llave, esperando el momento de liberarse. Es un príncipe en el exilio, una Rapunzel encerrada en lo alto de una torre.

Existe la idea, el sueño descabellado, el deseo irreal, la sensación persistente en lo más profundo de ti de que fuiste creado para algo. Y no desaparece, por mucho que intentes arrojarlo al desagüe.

Este libro trata de sacar a la luz esa parte de ti.

Quizás estés leyendo este libro y ames tu trabajo. Recuerda que, cuando hablo de trabajo, no me refiero solo a tu empleo o a tu carrera. Espero que también a eso, pero quizá más bien a la crianza de tus hijos, la música, la fotografía, el servicio en tu iglesia o a la lucha contra la injusticia; cualquier cosa con la que llenas tu agenda y a la que entregas tu corazón. Bien hecho. Espero y ruego que, después de leer este libro, lo ames aún más y lo hagas todavía mejor.

O quizá estés ahí sentado ahora mismo, en tu apartamento, en el parque cerca de tu casa o en una cafetería local y, en aras de la sinceridad, odias tu trabajo. Lo detestas. Solo es un medio para un fin. Y ese fin es salir de trabajar e ir a hacer algo que disfrutas.

O tal vez tu empleo no te moleste y el sueldo sea excelente, pero cuando te quedas callado y permites que esa voz susurrante dentro de ti hable, sabes que tu trabajo no está gobernando la tierra de manera vivificante. Lo que haces —la empresa para la que trabajas, el producto que fabricas, el servicio que prestas, quizá incluso tu profesión misma— no está creando un mundo parecido a un jardín en el que los seres humanos puedan prosperar. No es más que gasolina arrojada al fuego del consumismo, de la sexualización o del desenfreno del despilfarro occidental…

Mi esperanza y mi oración —y aquí voy a ser realmente sincero— son que la lectura de este libro te lleve a analizar con seriedad y profundidad tu vida y tu trabajo, y quizá, solo quizá, te impulse a efectuar un cambio: un nuevo empleo, incluso una nueva carrera, una nueva ciudad o un nuevo propósito final en la vida.

Es un pensamiento loco, inquietante, así que si no estás dispuesto a afrontarlo... suelta este libro ahora mismo.

Se te ha advertido oficialmente.

Pero me imagino que muchos de ustedes están leyendo este libro sin la menor idea de para qué fueron hechos. Quizá estés en la escuela y lo pienses todos los días, pero en el fondo no lo sepas. O tal vez tengas treinta, incluso cuarenta años, y aún te sientas como un vagabundo ocupacional, sin estar del todo seguro de cuál es tu llamado. O quizá estés en la mitad de tu vida y todo esté cambiando: tus hijos se han ido de casa o estás cansado de tu carrera. Estás pensando en hacer algo totalmente distinto. Espero —y oro por ello— que este libro sea para ti una brújula, no para mostrarte el camino paso a paso, sino para señalarte la dirección correcta.

Por tanto, nos vamos a sumergir y empezar por donde comienzan todas las historias: por el principio.

El primer relato de las Escrituras se inicia con Dios trabajando y termina con Él descansando.

La primera línea de la Biblia expone: «En el principio creó Dios los cielos y la tierra».[1] La expresión «los cielos y la tierra» es un modismo hebreo, muy parecido a cuando nosotros decimos «de arriba abajo». Es una manera de decir *todo*.

En el principio...

Dios creó...

todo.

Pero en el origen, este nuevo mundo era «desordenado y vacío».[2] En el idioma original se utiliza una frase poética: *tohu wabohu*. Existe toda clase de debates sobre la mejor manera de traducir *tohu wabohu* a nuestra lengua, pero cada vez son más los eruditos que se inclinan por «estéril e inhabitable». Es decir, había un mundo, pero era un páramo extraño.

De modo que, durante seis días, Dios trabaja intensamente, formando y llenando la tierra de vida. Y al final de la semana leemos: «Dios vio todo lo que había hecho, y era muy bueno».[3] Es la imagen de Dios recostándose después de una larga semana de arduo trabajo, hundiéndose en su silla y pensando para sí: *Nada mal.* Es Dios gozando de su labor. Esa sensación de satisfacción y plenitud que tú también experimentas cuando eres bueno en lo que haces y lo amas.

Luego leemos: «En el séptimo día, habiendo concluido la obra que había hecho, descansó de toda su labor».[4] Aquí *descansar* no significa que Dios estuviera cansado o agotado. Es un acto de deleite. Dios está disfrutando el fruto de su trabajo.

Y entre la primera línea y el párrafo final, la narración está llena de metáforas sobre quién y cómo es Dios.

Dios es un artista, un diseñador, un creativo…

Es un ingeniero, un constructor…

Un ecólogo, un zoólogo, un experto en horticultura…

Un músico, un poeta…

Un rey, un pastor…

Pero, por encima de todo, es un trabajador, y uno incansable.

Ahora bien, las Escrituras no se escribieron en el vacío:[5] fueron escritas en un tiempo y en un lugar concretos. No sabemos con exactitud dónde o cuándo se redactó el Génesis, pero sin duda fue en el antiguo Cercano Oriente, hace muchísimo tiempo.[6]

El Génesis no fue el único relato de la creación en el mundo antiguo. Había otros. Docenas de ellos. Todos compitiendo por ocupar el lugar más alto. Uno de los más populares era el Enuma Elish, de Babilonia, el epicentro cultural de la Antigüedad. En él, los dioses están cansados de trabajar y comienzan a quejarse a Marduk, rey de los dioses. Este idea un plan ingenioso para delegar la carga de trabajo de los dioses: la humanidad. Esta es la frase de Marduk…

> Crearé a un salvaje,
> «Hombre» será su nombre…
> Se encargará del servicio de los dioses
> para que estos puedan reposar.

La mayoría de los demás mitos de la creación de esa época transmiten básicamente la misma idea:[7] los dioses están agotados y cansados. El trabajo se considera una carga. Es algo inferior a ellos. Y, así, se crea la humanidad como mano de obra barata y servil, para hacer el trabajo de los dioses en su lugar: proveerles comida y bebida mediante sacrificios en el templo. De ese modo, ellos pueden recostarse y estar en reposo.

Leído en contraposición con los demás mitos de creación de la época, el Génesis resulta asombroso. Este Dios —el único y verdadero Creador— no se parece en nada a Marduk y a sus amigos divinos. Él no detesta el trabajo; de hecho, parece disfrutarlo de verdad. Y en lugar de crear a la humanidad para descargar en ella todo su trabajo por ser algo por debajo de su dignidad, la historia comienza con Dios mismo trabajando con el fin de crear un mundo para la humanidad: un lugar donde podamos experimentar y gozar de su presencia. No crea al ser humano como mano de obra barata para que haga lo que le pida, sino para que sean sus cocreadores, sus socios.

Sí, me has oído bien.

¡Somos los socios de Dios!

El lenguaje usado en Génesis es la «imagen de Dios».

Dios dijo: «Hagamos al ser humano a nuestra imagen, conforme a nuestra semejanza, para que gobierne sobre los peces del mar y las aves del cielo, sobre el ganado y los animales silvestres, y sobre todos los seres que se arrastran por la tierra».

Así creó Dios al ser humano a su imagen;
a imagen de Dios lo creó;
varón y hembra los creó.[8]

Escuchamos este lenguaje todo el tiempo, pero ¿qué significa realmente? ¿Qué implica haber sido creados a imagen de Dios?

La palabra *imagen* en hebreo es *selem*, y puede traducirse como *ídolo* o *estatua*. Un ídolo es una representación visible de un ser invisible. En el mundo antiguo se colocaba una estatua en el templo de cada dios para que el adorador pudiera ver cómo era ese dios.

Nosotros somos las estatuas de Dios. Su *selem*.

Fuimos puestos en la tierra —porque todo el cosmos es el templo de este Dios— para hacer visible al Dios invisible. Para mostrarle al mundo cómo es Dios. Somos los representantes del Creador ante su creación.

Pero eso es solo el comienzo; hay más...

Selem elohim, que significa «imagen de dios», se usaba por todo el antiguo Oriente Próximo, pero no solo para cualquier persona, sino para el rey.

Por ejemplo, al faraón se le llamaba Amón-Ra, o la imagen de Ra, el dios sol en el panteón egipcio.[9] Pero no era cosa de los egipcios solamente. Por toda la Mesopotamia antigua, al rey se le denominaba imagen de dios. Su pueblo lo consideraba casi divino, como representante de dios, que actuaba en su nombre y que gobernaba en su lugar. Y esta relación con el dios era única. Conocía lo divino de un modo que nadie más podría esperar siquiera. El rey era su sumo sacerdote y mediaba la bendición al reino.[10]

Por supuesto, leemos esto tres milenios después y lo descartamos como simples relaciones públicas, manipulación, mera propaganda de un megalómano antiguo. Pero esta forma de pensar estaba entretejida en el tejido mismo del mundo antiguo.

Y el lado oscuro de esta forma de pensar es evidente y axiomático: si el rey es la imagen de un dios, esto significa que el resto de nosotros no lo somos. ¿Recuerdas a Marduk? La humanidad fue creada como mano de obra barata. Nada más que un empleado con sueldo mínimo al que se puede manejar a voluntad.

La teología de la imagen de Dios en Génesis fue, y sigue siendo, subversiva e impactante. Afirma que todos los seres humanos —y no solo aquellos de sangre real, no solo la oligarquía de la sociedad, no solo los hombres blancos—, todos nosotros estamos hechos a imagen de Dios.

Esta es la democratización de la humanidad. Todos somos reyes y reinas y toda la tierra es nuestro reino.

Por ello, la frase siguiente declara: «Para que tenga dominio». La conexión perfecta entre «imagen» y «tener dominio» queda explícita en el texto.

El término *dominio* es *radah* en hebreo. Puede traducirse como *reinar* o *tener dominio*. Es lenguaje de rey. Un erudito hebreo lo tradujo así: «tener parte activa con Dios en llevar al mundo hacia algún lugar».

Esa es, sin duda, una excelente manera de expresarlo.

Desde el comienzo de la historia, Dios ha estado buscando socios.

La imagen de la relación entre la humanidad y Dios no es la de unas marionetas que cuelgan de un hilo y Dios en el cielo jugando con ellas. Más bien, es la de socios, representantes de Dios en la tierra, reyes y reinas que gobiernan sobre su mundo.

Piensa en ello: Dios pudo haber hecho a los seres humanos del polvo, como hizo con Adán, pero en su lugar escogió obrar a través del matrimonio y de la familia.

Pudo haber hecho que la comida cayera del cielo, como hizo con el maná en el éxodo, pero eligió hacerlo por medio de la agricultura, el cultivo y el comercio.

Pudo haber puesto a Adán y Eva en una ciudad, como hará en la Nueva Jerusalén, pero decidió situar a los protohumanos en el Jardín y darles la oportunidad de iniciar una civilización desde cero.

¿Por qué? Porque Dios está buscando socios.

Y este es un juego arriesgado para Dios.

En el párrafo siguiente, a los seres humanos se les ordena: «¡Llenen la tierra y sométanla!». Esta palabra, *someter,* es intrigante. En hebreo es *kabash,* de la que procede el dicho en inglés *put the kibosh on it.*[11] [Vamos, es genial]. Puede significar explotar, esclavizar, abusar o incluso violar. Pero también puede querer decir: domar algo salvaje, sacar orden del caos, traer armonía de la discordia. Una vez más, es lenguaje de reyes y reinas.

Hay buenos reyes

y malos reyes.

Hay monarcas buenos, bajo cuyo gobierno un reino prospera, la civilización crece y se expande, y la tierra florece.

Y hay tiranos malvados, cuyos reinados están marcados por la opresión y la injusticia: deshumanizan a las personas y dejan la tierra desnuda.

Todo depende del tipo de gobernante que tengas.

En el Génesis vemos ambas cosas. A medida que la historia se desarrolla, los seres humanos hacen mucho bien. Algunos gobiernan de manera excelente. Construyen la primera ciudad como punto de encuentro de la cultura.[12] Inventan la tecnología. Escriben música y dan origen a las artes.[13] Descubren cómo criar ganado.[14] Noé es el primero en plantar una viña y producir vino.[15] Y así, la lista sigue y sigue…

Pero los seres humanos también hacen mucho mal. Después de que Noé pusiera en marcha su viñedo, se embriagó.[16]

Después, leemos sobre el primer caso de incesto.[17] Un hombre llamado Lamec introduce una «innovación» espantosa: la poligamia.[18] Y con ella nace la opresión sistemática de las mujeres. Por encima de todo, encontramos la violencia. La primera innovación humana es el fratricidio: el asesinato de Abel a manos de su hermano Caín.[19]

¿Y qué es la historia humana sino más de lo mismo?

Los seres humanos somos responsables del arte, la ciencia, la medicina, la educación, la Capilla Sixtina, el *Mesías* de Händel, la ciudad de Nueva York, los viajes espaciales, la novela, la fotografía y la comida mexicana, porque, vamos, ¿quién no ama la comida mexicana?

Pero también somos responsables de un mundo con 27 millones de esclavos, un racismo descarado, el Holocausto, Hiroshima, el genocidio en Ruanda, el ISIS, el colapso financiero de 2008, la pornografía, el calentamiento global, la lista de especies en peligro de extinción... por no hablar de la música pop.

De modo que los seres humanos somos una mezcla. Tenemos una gran capacidad —más de lo que creemos— para gobernar de una manera que vivifique a las personas que nos rodean y el lugar que llamamos hogar, o para gobernar de tal manera que explotemos la tierra misma y privemos a la gente de un entorno donde pueda florecer.

Este fue el riesgo de Dios. Su empresa. Su experimento.

Y por esto Jesús vino como humano. Piensa en lo extraño que es. Durante milenios, Dios se había manifestado con voz audible, en una nube sobre una montaña, en una zarza ardiente o incluso como un susurro en una cueva.[20] Pero aquí hay un giro sorprendente en la manera de obrar de Dios: esta vez vino en forma humana.

¿Por qué?

Porque el Creador aún no había renunciado a su sueño para Adán...

El escritor Pablo establece una conexión brillante entre Adán y Jesús. Es fácil pasarlo por alto, aunque lo hace en un par de lugares.

En 1 Corintios 15, llama a Jesús «el último Adán».[21]

En Romanos 5, se refiere a Adán como el «prototipo anticipado de aquel que había de venir».[22] Es decir, Adán, el primer ser humano, recibió la encomienda de gobernar el mundo, pero solo era una señal que apuntaba hacia «el último Adán», el único y verdadero ser humano que vendría a gobernar el mundo para siempre: Jesús.

Y esto hace que la siguiente línea de Pablo sea de lo más interesante:

«Pues si por la transgresión de un solo hombre reinó la muerte por medio de aquel uno, ¡cuánto más reinarán en vida por medio de un solo hombre, Jesucristo, los que reciben la abundancia de la gracia y del don de la justicia!».[23]

Este es un giro inesperado. La idea básica de Pablo es que, por la desobediencia de Adán, todos morimos; pero por la obediencia de Jesús, todos vivimos. Sin embargo, en esta declaración, va un paso más allá. No solo vivimos, sino que «reinamos en vida».

Espera… frenemos un momento.

«Reinar» es lenguaje real. Es lenguaje del Génesis. «Reinar» es lo que siempre se suponía que debíamos hacer, antes de que Adán lo echara todo a perder.

Ahora sí, estamos llegando a algo.

La intención original de Dios siempre fue que un ser humano gobernara sobre el mundo.[24]

Adán tuvo la primera oportunidad, y falló.

Si conoces la historia de la Biblia, sabes que después Dios llamó a Abraham y a su familia para intentarlo de nuevo, pero, trágicamente, también fracasaron.

¿Qué es el Antiguo Testamento sino la historia de un gobernante tras otro, intentando hacer lo que Adán debió haber hecho: gobernar la tierra de manera que diera vida, pero fallando, a menudo de forma miserable?

¿Has leído alguna vez *1* y *2 Reyes*? Con cada rey hebreo que asciende al poder, surge la esperanza: tal vez, solo tal vez, este sea el que lo arregle todo… y luego esas esperanzas se derrumban, una y otra y otra vez. Al final del Antiguo

Testamento, uno se pregunta: *¿Cómo podrá Dios arreglar este desastre?*

Y no se trata solo de ellos, sino de nosotros.

Yo he fallado.

Y tú también.

Pero donde Adán, Abraham, Israel, tú y yo fracasamos… Jesús no lo hizo.

Realizó lo que Adán debía haber hecho pero no pudo. Lo que Israel debía haber hecho pero no pudo. Lo que nosotros debíamos haber hecho pero no pudimos.[25]

Por eso, inmediatamente después de su resurrección, se le llama «Rey de reyes» y «Señor de señores» y «el soberano de los reyes de la tierra».[26]

Incluso la frase final del evangelio, que indica que Jesús «fue llevado al cielo y se sentó a la derecha de Dios», apunta en la misma dirección.[27]

No se trata tanto de una afirmación sobre la ausencia de Jesús en el mundo, sino sobre su presencia.

¿Qué está haciendo a la «diestra de Dios»?

Reina sobre la tierra.

¿Y qué es lo primero que hace Jesús con su reinado? Lo comparte con nosotros.

¿Por qué? Porque desde el principio de la historia, Dios ha estado buscando socios, colaboradores.

¿Empiezas a ver cómo se cierra todo el círculo?

Para esto fuimos creados.

Ahora, demos un paso atrás. ¿Qué significa esto para nosotros hoy? Todo este discurso sobre reyes y reinas está bien, pero ya no vivimos en el antiguo Cercano Oriente. Y la mayoría de nosotros no pertenecemos a la realeza. Entonces, ¿qué significa esto si eres camarero en un restaurante? ¿O madre a tiempo completo? ¿O arquitecto paisajista? ¿O estudiante de secundaria? ¿O niñera? ¿O anestesista?

Pues… mucho.

Para empezar, significa que tu trabajo es parte esencial de tu humanidad. Has sido creado a imagen de un Dios que trabaja. Dios es Rey sobre el mundo, y tú eres rey, reina —de la realeza—, que gobiernas en su nombre. Reunimos la alabanza de la creación y, de algún modo, se la devolvemos a Dios mismo.

Mañana cuando te levantes y vayas al trabajo, a la escuela o a la actividad que te dediques, no solo estarás ganando dinero para pagar las cuentas, ni te limitarás a estudiar microbiología, ni te dedicarás tan solo a criar hijos, ni a servir en tu iglesia o en una organización sin fines de lucro. Estarás siendo humano. Estarás reinando sobre la tierra.

En segundo lugar, esto significa que debemos pensar en el trabajo como algo bueno. Cuando Dios terminó de trabajar, se recostó y dijo: «En verdad esto es bueno en gran manera». Así deberíamos ver nuestro trabajo.

Muchos piensan en el trabajo como una maldición. Lo oigo todo el tiempo: «Odio mi trabajo. El trabajo es una maldición». Pero nada podría estar más lejos de la verdad. El trabajo está maldito, sí —hablaremos de ello más adelante—, pero el trabajo en sí es exactamente lo opuesto: es una bendición. Y no, no es un error tipográfico. En la historia de la creación leemos: «Dios los bendijo y les dijo: "Sean fructíferos... llenen la tierra y sométanla... dominen..."». En Génesis, una bendición es algo de peso, fuerte, es un don del Dios Creador para generar vida, fertilidad y bienestar. ¿Y cuál es la bendición de Dios sobre los seres humanos? El trabajo.

En el capítulo siguiente veremos lo que significa «ser fructíferos» y «llenar la tierra», pero por ahora se trata, básicamente, de la labor de construir civilización. La intención original de Dios siempre fue que los seres humanos se unieran a Él en su ritmo de siete días de trabajo y descanso.[28] Necesitamos recuperar esta visión asombrosa de lo que significa ser humanos.

Y, por último, esto significa que cada ser humano en el planeta rebosa de un potencial en bruto, sin pulir.

Tú estás rebosante de un potencial en bruto, sin pulir.

Llevas sangre real en tus venas.

Así que, dondequiera que te encuentres, aquí va la primera lección: eres de la realeza. Un rey o una reina. Fuiste creado para gobernar, para dominar. Llevas dentro una asombrosa cantidad de potencial latente, para hacer el bien o para hacer el mal.

¿Qué clase de gobernante serás?

Fuiste creado para hacer el bien, para reflejar e imitar ante el mundo lo que Dios es. Para situarte en el lugar de encuentro entre el Creador y su creación, desplegando la bendición creativa y generosa de Dios sobre toda la tierra y dando voz a la adoración de la creación.

Y si quieres saber cómo hacerlo… sigue leyendo…

Un lugar llamado Delicia

Está bien, entonces somos reyes y reinas. Genial. Pero, para quienes nacimos en un suburbio de California, ¿qué significa realmente «reinar»? Ustedes, los más pragmáticos, están leyendo este libro ahora mismo y pensando: *¿Y eso qué?*

Sigamos adelante.

Nos quedamos en Génesis, con el poema:

> Y Dios creó al ser humano a su imagen;
> lo creó a imagen de Dios;
> hombre y mujer los creó.[1]

Pero el autor no había terminado. Yo lo interrumpí. Justo después leemos esto:

«Dios los bendijo y les dijo: ¡Sean fructíferos y multiplíquense; llenen la tierra y sométanla; dominen a los peces del mar y a las aves del cielo, y a todos los animales que se arrastran por el suelo!».[2]

Los teólogos lo denominan el «mandato cultural», porque es la orden de hacer cultura. Fascinante. A Adán y Eva se les mandó a hacer cultura.

Y a nosotros también.

Si «imagen de Dios» es el título laboral de todo ser humano, entonces el mandato cultural es la descripción de nuestro empleo. Es lo que se supone que debemos hacer realmente. La forma en que debemos llevar a cabo este asunto de reinar.

El denominado «mandato cultural» consta de dos partes. La primera es: «Sean fructíferos y multiplíquense», y la segunda es: «Sometan». Una palabra sobre cada una de ellas...

Primero: «Sean fructíferos y multiplíquense». A simple vista, esto significa casarse y formar una familia. A menudo pasamos de largo esta lectura sencilla, pero detengámonos un momento. Que sea conocida no significa que la entendamos.

Mi esposa, Tammy, y yo tenemos tres hijos: Jude, Moses y Sunday. Suponen muchísimo trabajo, dinero, tiempo, esfuerzo, energía y estrés, están destrozando nuestra casa poco a poco... *y* son lo mejor que nos ha pasado en la vida. Y como cada uno desborda de un potencial bruto, sin pulir, cada uno es en sí mismo un trabajo de tiempo completo. Así que, por ahora, Tammy es mamá a tiempo completo. Cuando los niños sean un poco más grandes, su plan es volver a la escuela y hacerse enfermera. Pero no tiene prisa. Ella siente que fue creada para esto.

Cuando se trata de la crianza, Tammy y yo somos compañeros, estamos juntos en esto. Pero cada uno desempeña un papel único. Ella tiene la libertad de dedicar más de su tiempo a lo que comúnmente se denomina crianza: el arte de desarrollar a los hijos.

Dicho esto, detesto —aborrezco, odio, desprecio, y cualquier otra palabra áspera que ahora no logre recordar— que la gente me pregunte: ¿Tu esposa trabaja?

¿En serio?

¡No me digas!

Me molesta porque lleva implícito un mensaje subliminal: criar hijos no cuenta realmente como una carrera válida. Si eres inteligente, educada y con visión de futuro, ¿por qué habrías de «malgastar» los mejores años de tu vida en tus hijos?

Por lo general, nuestra cultura y, a veces, tristemente incluso la iglesia, no tiene un alto concepto de la crianza, al menos no como carrera. Sin embargo, la visión de Dios respecto a la familia es desmedida. Para Él, es la primera tarea a la hora de describir el trabajo humano.

Hay una razón por la cual las parejas casadas que no pueden tener hijos suelen sentir un dolor y una angustia profundos frente a la infertilidad. Uno de mis mejores amigos lleva quince años casado; él y su esposa lo han intentado todo, pero no han logrado embarazarse. Los he visto llorar la muerte de un hijo que ni siquiera ha nacido.

Mi punto no es que todos ustedes tengan que salir corriendo a embarazarse de inmediato y, si no pueden, inscribirse en un programa de adopción antes de irse a dormir esta noche. Ni siquiera estoy diciendo que tengan que casarse. Jesús mismo fue soltero y célibe. Lo que quiero decir es que, para aquellos de ustedes que son padres —sobre todo si se dedican a la crianza a tiempo completo—, lo que hacen ocupa el centro mismo de la visión de Dios para el mundo. Bien hecho. Sigan adelante.

Dicho esto, este mandamiento, «sean fructíferos y multiplíquense», no significa tan solo casarse y tener hijos. Es más que eso. Después de todo, ¿por qué habría Dios de ordenarlo? Estoy bastante seguro de que es algo que sucedería de todos modos. Los seres humanos nunca han sido muy buenos para quedarse con los pantalones puestos, y hace diez mil años no era precisamente fácil conseguir métodos anticonceptivos. Entonces, ¿por qué forma parte de la descripción del trabajo humano? Es decir, los animales también son fructíferos y se multiplican, pero eso no es gobernar. ¿Qué significa?

La clave está en la siguiente frase: «Llenen la tierra».

Aquí, la idea es que Adán y Eva tomen a su incipiente familia y la conviertan en algo más: una sociedad. Dios quiere algo mayor para Adán y Eva que una versión antigua de la familia Robinson; Él quiere una civilización. Quiere que los seres humanos tengan hijos *y* funden iglesias, centros comunitarios, escuelas, servicios sociales, gobiernos, países enteros. Todo esto está comprendido bajo la consigna «llenen la tierra».

Y esto conduce a la segunda parte de la descripción del trabajo humano: «Sométanla». Es decir, aprovechar el potencial bruto y sin pulir de la tierra misma. Hacer algo con el mundo en el que se nos ha colocado.

Tienes un bosque: haz algo con él.

Tienes un río: ponlo a trabajar para ti.

Tienes metal en lo profundo de la corteza terrestre: extráelo.

Tienes sol, viento, suelo y lluvia: haz algo con ellos.

Planta cultivos, construye casas, inventa energía solar, diseña computadoras, crea música, da forma al arte, desarrolla tecnología. Llenen la tierra y sométanla.

La palabra *someter* parece indicar que existe una naturaleza salvaje en el mundo. Está indómito. Fuera de control. Es urgente que sea gobernado.

Tenemos en la mente la imagen de un mundo antediluviano perfecto, un espejismo idílico de ocio y abundancia. Pero esa no es en absoluto la imagen del Génesis. Lo primero que leemos es que el mundo es *tohu wabohu*. Uno de mis eruditos hebreos favoritos tradujo esa expresión como «salvaje y semejante a un desierto».[3] Y, después, la primera semana es una ráfaga de actividad. Dios trabaja intensamente, domando la tierra para convertirla en un lugar habitable para la vida. A continuación, el ser humano es creado para gobernar, para continuar con el proyecto que Dios comenzó, para someter su mundo adolescente. Este es el lenguaje de la conquista y la colonización: luchar con la tierra y arrancar beneficio de sus manos.

Pero, una vez más, eso no significa destruir el medioambiente, contaminar la atmósfera, acumular armas nucleares, explotar minas a cielo abierto, agotar la capa fértil del suelo ni ninguna otra estupidez que hayamos hecho en nombre de «la Biblia dice». No. Hay un tipo muy específico de mundo que estamos llamados a crear. Se le llama Edén.

En realidad, en Génesis hay dos relatos de la creación. El capítulo 1 cuenta la historia desde lo alto, a treinta mil pies de altura: trata sobre «los cielos y la tierra». Pero luego, en el capítulo 2, el foco se reduce a un jardín llamado Edén, una palabra hebrea que significa *delicia*. La dirección de este lugar es Delicia. No es un mal sitio para llamarlo hogar. Leemos lo siguiente:

«No había ningún arbusto del campo sobre la tierra ni había brotado la hierba, porque Dios el Señor todavía no había hecho llover sobre la tierra ni existía el hombre para que la cultivara…».

Así que el mundo está incompleto. No hay árbol ni arbusto, ni agricultura o riego, ni ser humano.

«Y Dios el Señor formó al ser humano del polvo del suelo; entonces sopló en su nariz aliento de vida y el hombre se convirtió en un ser viviente».

En hebreo hay un juego de palabras. *Adán* (el hombre) se crea a partir de la *adamá* (la tierra). Es una manera poética de decir que el ser humano tiene una relación simbiótica con la tierra misma. Estamos hechos del polvo. Por eso, la primera profesión humana fue la jardinería...

«Dios el Señor plantó un jardín al oriente del Edén...».

Y...

«Dios el Señor tomó al hombre y lo puso en el jardín del Edén para que lo cultivara y lo cuidara».[4]

Detengámonos en dos ideas aquí: cultivarlo y cuidarlo.

La primera palabra es *abad* en hebreo, y básicamente significa trabajo. Pero no siempre se traduce así; a veces se vierte como *servicio*. De modo que trabajar es servir.

Servicio a Dios.

Servicio a las personas creadas a su imagen, es decir, todos.

Y, yo diría también, servicio a la tierra misma.

Pero *abad* es también la misma palabra que se usa en toda la Biblia hebrea para referirse a la adoración. Interesante. Así que trabajo y adoración no son dos ideas separadas. Están unidas de manera inseparable. Son dos traducciones de la misma palabra.[5] Es trágico que pensemos en la adoración como unas cuantas canciones en la iglesia cada domingo. Eso también es adoración, por supuesto. Pero en una cosmovisión moldeada por Génesis, toda la vida es adoración.

Cuando vas a trabajar cada día, al menos si es trabajo del tipo jardinería, es un acto de adoración al Dios que te creó.

Ahora bien, en este texto es donde vemos por primera vez la palabra *trabajo*. Antes de esto, todo el lenguaje es elevado y conceptual: gobernar y someter. Pero en Edén es concreto y terrenal. El ser humano fue puesto en el jardín para trabajarlo. A veces imaginamos el jardín como si Adán y Eva estuvieran sentados en la playa tomando *mai tais*, hojeando la revista *Vogue* y bronceándose. Pero la realidad es que, incluso en el Paraíso, estábamos trabajando.

La siguiente palabra que debemos mirar más de cerca es *shamar*, y es aún más interesante. Se suele traducir como cuidar, y es muy acertado. Significa vigilar, proteger, guardar, custodiar y defender la creación.

El primer ser humano fue un ecologista. Nosotros también deberíamos serlo.

Pero la imagen aquí no es la de una reserva ecológica en la que caminamos por un sendero angosto sin tocar nada (aunque también hay lugar para eso). *Shamar* puede traducirse como cultivar, desarrollar o extraer el potencial de algo.

Bien, ahora estamos llegando a algo.

Tengo que hacer una confesión: antes me salté una parte de la historia. Es un poco técnica y aburrida, y pensé que la pasarías por alto (algo que, estoy seguro, jamás harías). Pero entre la línea donde se indica que Dios «plantó un jardín» y aquella donde «puso al hombre en el jardín», hay un párrafo entero. Y suena un poco extraño; por eso lo omití. Es este...

(Ni se te ocurra saltártelo).

«Dios el Señor hizo que creciera toda clase de árboles atractivos a la vista y buenos para comer. En medio del jardín hizo crecer el árbol de la vida y también el árbol del conocimiento del bien y del mal».

«Del Edén nacía un río que regaba el jardín y desde allí se dividía en cuatro ríos menores. El primero se llamaba Pisón y recorría toda la región de Javilá, donde había oro. El oro de esa región era fino; también había allí resina muy buena y piedra de ónice. El segundo se llamaba Guijón, que recorría toda la región de Cus. El tercero se llamaba Tigris, que corría al este de Asiria. El cuarto era el Éufrates».

«Dios el Señor tomó al hombre y lo puso en el jardín del Edén»...[6]

¿Alguna vez has leído ese párrafo y te has preguntado: «¿Por qué está esto ahí?».

Me encanta esa línea entre paréntesis: «El oro de esa región era fino; también había allí resina muy buena y piedra de ónice».

Cuando yo lo leía antes, solía pensar: *¿A quién le importa?*

Pero creo que ahora entiendo a qué apunta.

El autor está diciendo que Edén está compuesto de materias primas. Rebosa de potencial contenido. Todo lo que necesitas para construir una civilización está allí; lo único que hay que hacer es cultivarlo, extraerlo. Pero eso va a requerir cierto esfuerzo.

Me encanta la definición que Tim Keller proporciona del trabajo. Él lo expresa así: «El trabajo es reordenar la materia prima de la creación de Dios de tal manera que ayude al mundo en general, y a las personas en particular, a prosperar y florecer».[7]

Así de simple.

Ese ritmo se encuentra en toda clase de trabajo.

Cuando un agricultor toma la tierra y la semilla, y las reorganiza en una cosecha rebosante de alimento para que la gente lo coma y lo disfrute.

Cuando un constructor toma un árbol y una roca, y los reorganiza en un hogar donde alguien pueda dormir, jugar, hacer el amor, relajarse y vivir.

Cuando un diseñador de moda toma tela y metal, y los reorganiza en algo con forma, belleza y funcionalidad.

Cuando un músico toma un sonido, un tono y una melodía, y los reorganiza en algo coherente y fascinante.

Cuando un diseñador gráfico toma una forma, una paleta de colores y una tipografía, y los reorganiza en algo atractivo y con buen gusto.

Todo esto es trabajo de cultivación. De extraer el potencial de algo. De hecho, nuestra palabra *cultura* proviene directamente de esta idea de cultivo. Una buena cultura es el resultado de personas aún mejores que trabajan con empeño, reordenan la materia prima del planeta Tierra y hacen un lugar de delicia.[8]

Así que no solo estamos llamados a cualquier tipo de trabajo. Algunos trabajos no hacen esto en absoluto. Algunos trabajos son destructivos para la tierra, para la mente humana, para la economía, para la familia, para el mundo en desarrollo. Estamos llamados a un tipo muy específico de trabajo: crear un mundo semejante a un jardín, donde los portadores de la imagen de Dios puedan florecer y prosperar, donde las personas puedan experimentar y disfrutar del generoso amor de Dios. Un reino en el que la voluntad de Dios se haga en la tierra como en el cielo, donde el muro de cristal entre la tierra y el cielo sea tan delgado, claro y translúcido que ni siquiera recuerdes que está allí.

Ese es el tipo de mundo que estamos llamados a crear.

Después de todo, lo único que debemos hacer es continuar lo que Dios inició en el principio.

Esto es lo que tienes que entender: el jardín era dinámico, no estático. Dicho de otro modo, la creación era un proyecto, no un producto terminado. El jardín fue diseñado para ir hacia algún lugar.[9] La visión de Dios era que el orden, el arte y la belleza del Edén se expandieran por toda la tierra, y el ser humano fue el encargado de esa tarea: «llenar la tierra» con la realidad del jardín.

Cuando pienses en Edén, no lo imagines como un parque público con césped, un lugar de juegos infantiles y un par de arriates de flores, donde Dios le entrega a Adán una podadora y le dice: Mantenlo ordenado, ¿de acuerdo?

Piensa más bien en una naturaleza salvaje y violenta, rebosante de belleza, pero sin infraestructura, sin caminos, sin puentes, sin ciudades, sin civilización. Y allí Dios dice: «Ve y haz un mundo».

Adán no era un empleado de mantenimiento de jardines. Era un explorador, un cartógrafo, un jardinero, un diseñador, un arquitecto, un constructor, un urbanista, un creador de ciudades.

Por eso, al final de la Biblia, cuando el profeta Juan ve el mundo futuro renovado en el regreso de Jesús, lo describe con el lenguaje del Edén. Los dos últimos capítulos de Apocalipsis están impregnados de alusiones a los dos primeros capítulos de la Biblia. Allí leemos sobre...

«El árbol de la vida»,

«El río»,

«No habrá más maldición allí»,

«Reinará (o gobernarán) por siempre jamás».[10]

El escritor Juan está diciendo que el futuro es un regreso al pasado. Es la vuelta al Edén. Pero fíjate: algo ha cambiado. Ya no es un jardín; ahora es una ciudad semejante a un jardín.

¿Por qué?

Me refiero a que uno pensaría que si la agenda de Jesús es arreglar el mundo desviado, entonces la historia terminaría en el mismo lugar donde empezó: en Edén, con todos desnudos y sin vergüenza. Pero en lugar de eso, es un poco distinto. En realidad, es muy distinto. Es una ciudad-jardín llamada Nueva Jerusalén, con murallas y puertas, con calles y viviendas, con arte y arquitectura, con comida y bebida, con música y cultura.

¿Por qué es así?

Porque el jardín nunca estuvo destinado a quedarse como tal; siempre estuvo destinado a convertirse en una ciudad-jardín.

¡Bum!

Siento que debería haber aplausos en este momento. ¿O tal vez una banda sonora de M83 de fondo?

Ahora, para rematar este capítulo, traigamos todo este lenguaje elevado al aquí y ahora. Creo que esto tiene el poder de replantear desde cero nuestra forma de pensar respecto al trabajo.

El escritor Pablo, en una carta a los Corintios en el Nuevo Testamento, habla de cómo él y su amigo Apolos desempeñaron un papel estratégico en la iglesia. Lo expresa así: «Yo sembré, Apolos regó, pero Dios ha dado el crecimiento».[11] Ahora bien, sembrar, regar, hacer crecer, es imaginería del Edén, y es probable que cualquier judío del siglo I hubiera percibido de inmediato la alusión.

Y todo el lenguaje de Pablo culmina en esta frase sorprendente: «En efecto, nosotros somos colaboradores al servicio de Dios».[12]

Esta es una metáfora provocadora. La mayoría de nosotros pensamos que somos empleados de Dios, no colaboradores suyos. Como si trabajáramos para Dios. Y hay algo de verdad en eso: a Pablo le encanta llamarse a sí mismo «siervo de Dios». Pero si somos colaboradores de Dios, significa que no solo trabajamos para Él, sino también con Él.

Volvemos a la imagen de los socios.

¿Cuál es la diferencia entre un empleado y un socio?

En una palabra: la propiedad.

Uno de mis primeros trabajos fue como barista en un lugar llamado Coffee People. Era el anti-Starbucks de finales de los noventa. Un café de raíces locales, nacido en Portland, con tostado propio y un aire de «al diablo con el sistema». Era lo más parecido a la tercera ola... antes de que hubiera una tercera ola. De vez en cuando me encontraba allí, aburrido hasta la médula, y de repente entraban veinte o treinta personas de golpe.

Lo llamábamos «la oleada».

La oleada era el sueño de un adicto a la adrenalina. Caótica, ruidosa, estresante, pura acción sin pausa. Y era trabajo duro.

Cualquiera que haya trabajado en el sector de servicios sabe lo que es la oleada y sabe que los empleados suelen quejarse de ella y refunfuñar. Porque si eres un empleado, solo estás allí por el cheque de tu salario y te pagan lo mismo si el local está lleno o vacío. Solo quieres cumplir tus horas y largarte a casa.

Pero si eres socio, si tienes parte en la propiedad, todo es diferente. Realizas el mismo trabajo, pero con más empeño. El mismo turno, pero más largo. Y te sientes en la cima del mundo. Cuando se abre la puerta y entra una docena de personas apuradas, piensas: *¡Genial!*

¿Y qué tiene que ver todo esto con nuestro trabajo? Estoy llegando a eso. De hecho, creo que ya estamos ahí…

Cuando vayas a trabajar mañana, recuerda que no eres tan solo un diseñador con una marca de ropa; eres socio de Dios, y llevas adelante con Él el proyecto humano.

No eres solo una mamá o un papá que lleva a sus hijos a la escuela o les lee un cuento antes de dormir; estás respondiendo al llamado de Dios sobre tu vida: «Sean fructíferos y multiplíquense».

No eres solo un mero contratista, que trabaja largos y duros días bajo el calor o el frío para construir una casa; estás cultivando la tierra, extrayendo su potencial y transformando el mundo en un entorno donde las personas puedan vivir tal como Dios lo planeó.

No eres tan solo un estudiante que va a clase, o un conductor de tren ligero que llega a la estación, o un ingeniero de software que trabaja en una nueva aplicación, o un chef que inventa una nueva receta, o un científico en su laboratorio, o un cajero en un supermercado, o un emprendedor que persigue una idea alocada...

Eres un Adán o una Eva de hoy. Este mundo es lo que queda del Jardín. Y tu tarea consiste en tomar todas las materias primas que se despliegan ante ti, trabajarlas, cuidarlas, gobernar, someter, luchar, explorar y llevar adelante el proyecto de la creación como un acto de servicio y adoración al Dios que te creó.

Desenterrar el llamado

Hay siete mil millones de personas en el planeta.

Para ser exactos: 7,156,658,777.[1]

Eso es muchísima gente. Parece que hemos hecho un buen trabajo con la parte de «sean fructíferos». Pero una de las cosas más sorprendentes de la humanidad es lo distintos que somos: únicos, diversos, multiformes… diferentes. Ninguno de nosotros es igual a otro.

Esto tiene profundas implicaciones en nuestra forma de llevar la imagen de Dios. Todos estamos llamados a gobernar, someter, trabajar y cuidar de la tierra, pero cada uno lo hace de una manera única. El ecosistema de la humanidad es complejo, múltiple e intrincado: cada uno de nosotros tiene un papel que desempeñar.

Tomemos como ejemplo el café que me estoy bebiendo ahora mismo. Es realmente bueno. Un barista lo preparó en la cafetería que está debajo de mi oficina. Pero alguien más fabricó la máquina con la que lo preparó. Y otro construyó el local donde él trabaja. Y otro más abrió la cafetería y lo contrató. Pero alguien más adelantó el dinero para que todo eso existiera. Por no hablar del café en sí: vino del otro lado del mundo, de una finca en Perú.[2] Alguien tuvo que ir allí, entablar una relación con el agricultor y cerrar un trato justo. Pero nada de eso habría sucedido de no haber personas en la educación, la política y la cultura popular que hablaran de la necesidad del comercio justo y de cómo la mayor parte del café que se consume depende de la esclavitud. Así que alguien —un maestro, un profesor, un político, una celebridad— tuvo que cambiar nuestra forma de pensar sobre el café, es decir, sobre la esclavitud... y luego alguien más tuvo que ir a buscar a un agricultor... y después otra persona tuvo que enviarlo todo hasta el noroeste de Estados Unidos, y luego otro tuvo que tostarlo, solo para que el tipo de abajo pudiera servirme una taza de café realmente bueno por dos dólares.

Podría seguir con el escritorio en el que estoy escribiendo, la computadora en la que tecleo, la lámpara sobre mi cabeza, la ropa que llevo puesta, el edificio en el que estoy, las calles por las que caminé para llegar aquí... por no hablar de mi silla.

¿Te imaginas si intentara fabricar y hacer absolutamente todo por mi cuenta? Me tomaría toda una vida solo para conseguir una pobre excusa por la oficina.

Lo que quiero decir es que la civilización no es el Viejo Oeste donde cada quien va por su cuenta; es una red de miles de millones de personas que trabajan juntas por un mundo mejor, con un espíritu de colaboración e interdependencia, cada una aportando algo único.

Estamos llegando a la idea de la vocación.

La vocación es una de esas palabras antiguas, gastadas, trilladas, usadas en exceso, tópicas y a la vez brillantes, deslumbrantes, esenciales, cautivadoras. Nadamos en ellas todo el tiempo, pero rara vez nos damos cuenta de lo profundas que son.

La palabra en sí es relativamente nueva; cuenta con apenas unos cuantos siglos de uso. Pero la idea es antiquísima. Proviene del latín *vocatio*, que significa básicamente *llamado*.

Tu vocación es tu llamado en la vida.

Ahora bien, la palabra *vocación* no aparece en las Escrituras, así que no existe una sola manera correcta de definirla. En este capítulo te daré mi perspectiva.

Déjame aclarar algo desde el inicio: creo que Dios «llama» a pastores y misioneros, y también creo firmemente que Dios «llama» a banqueros y panaderos, artistas y contadores, amas de casa y maestros, baristas… e incluso, tal vez, a vendedores de autos usados (aunque de esto no estoy tan seguro). De lo que sí estoy seguro es de los baristas.

En el próximo capítulo hablaremos de la división entre lo sagrado y lo secular, y cómo en realidad esta no existe y fue inventada por hombres como yo, con problemas de autoestima. Pero, por ahora, basta con saber esto: el llamado o la vocación, o como quieras llamarlo, no se limita a trabajos o carreras «espirituales». Es tan amplio como la humanidad misma.

A menudo pensamos en el llamado como una idea misteriosa y enigmática. Conozco a muchas personas que están esperando que el llamado de Dios para ellos les llegue en forma de un sueño, una visión o un profeta excéntrico que se les acerque en la calle con fuego en los ojos y una palabra divina: *Ve y conviértete en instructor de rocódromo.*

Y sí, eso pasa a veces.

Pienso en Moisés y la zarza ardiente en el Sinaí, o en Pablo en el camino de Damasco.

Pero, ¿y si esas historias están en las Escrituras no porque sean la norma, sino porque son la excepción? Y es que, para la mayoría de nosotros, el llamado es mucho más sencillo, ordinario, cotidiano... casi de bajo presupuesto, digno de una película hecha para la televisión.

Creo que una forma mejor de pensar en el llamado es verlo como aquello para lo que Dios te creó, la manera en que Él te cableó.

Soy un fanático de los tests de personalidad: Myers-Briggs, DISC, StrengthsFinder. ¿Los conoces? Es el arte y la ciencia de lo humano. Es autodescubrimiento: aprender aquello para lo que Dios nos diseñó. Y son increíblemente útiles. Sinceramente creo que es más probable que descubramos nuestro llamado a través de una etiqueta de cuatro letras del

Myers-Briggs que por medio de una zarza ardiente. Aunque, si tuviera la opción, elegiría la zarza cada vez. Pero encontrar tu llamado tiene que ver en gran parte con descubrir quién eres y qué es lo que solo tú puedes aportar al mundo.

La palabra *vocatio* también puede traducirse como *voz*. Y eso lo dice todo: tu vocación es tu *voz*.

Los cuáqueros tienen un dicho sobre el llamado que me encanta: *Deja que tu vida hable.*

Encontrar tu vocación es encontrar tu voz, aquello que se eleva por encima del ruido y del murmullo de los otros más de siete mil millones de seres humanos en la tierra. La melodía y el tono que solo tú puedes aportar.

El llamado no es algo que eliges, como con quién te casas, qué casa compras o qué coche conduces; es algo que desentierras. Lo excavas. Lo sacas a la luz. Y lo descubres.

Solemos preguntar a los niños pequeños: «¿Qué quieres ser cuando seas mayor?». Me pregunto si con esa pregunta no los estaremos preparando para el fracaso. Tal vez la mejor pregunta sea: «¿Quién eres? ¿Para qué crees que Dios te hizo?».

Esa, amigos míos, es la verdadera pregunta. ¿Quiénes somos? ¿Cómo nos diseñó nuestro Hacedor? ¿Qué tenía Dios en mente el día que nacimos? Esas son las preguntas de la vocación y del llamado.

Yo crecí en una cultura que afirmaba esencialmente: «John Mark, puedes hacer cualquier cosa que te propongas. Si trabajas lo suficiente, si crees en ti mismo, si eres paciente, puedes lograr lo que sea». Este es un modo de pensar muy estadounidense, propio de las clases media y alta. Nadie en el mundo en desarrollo hablaría así. Y si eres millennial y creciste durante la recesión, cada vez somos menos los que hablamos de esa manera. Y aun así, una de las razones por las que estamos tan desilusionados con la economía ahora es porque, de algún modo, esa idea de «puedo ser lo que yo quiera» está arraigada en nosotros por nuestra herencia cultural. Y no todo es malo: me dio el valor de soñar, de imaginar, de atreverme a dar pasos en la vida.

Pero también es peligroso, porque, lamentablemente, no es verdad.

No puedo ser lo que yo quiera ser, por más que trabaje o crea en mí mismo.

Lo único que puedo ser es yo mismo. El Creador me hizo para que fuera John Mark.

Si luchamos contra la imagen de Dios en nosotros —aunque tuviéramos éxito a corto plazo— tarde o temprano esto se volvería en contra nuestra y nos comería vivos.

Si eres introvertido y te dedicas a las ventas, pasando diez horas al día con gente, eso te va a desgastar hasta dejarte vacío.

Si eres un pensador con un apetito insaciable por aprender, pero terminas en un trabajo manual, te volverás loco.

Si eres un líder nato y te apasiona mover a la gente hacia una meta, pero acabas dedicándote a la investigación o escribiendo artículos para una universidad o para un laboratorio, solo será cuestión de tiempo hasta que te desesperes.

Ahora bien, en algún momento simplemente tenemos que estar agradecidos por tener un trabajo. La economía sube y baja, y algunos de nosotros lo tenemos bastante difícil. Y también es cierto que Jesús está con nosotros sin importar lo que hagamos, y que lo que él llamó «vida en abundancia»[3] no depende en absoluto de tener el trabajo de nuestros sueños. ¡Y esto es una gran noticia, ya que miles de millones de personas ven el trabajo simplemente como una forma de sobrevivir! De eso hablaremos más adelante. Por ahora, lo único que digo es esto: lo que hacemos debería brotar de lo que somos.

En este tiempo se habla mucho del *burnout*. Como sociedad, estamos sobrecargados de trabajo, cansados, estresados y agotados: la era digital está vaciando nuestra alma. Pero el *burnout* no siempre es el resultado de dar demasiado; a veces es el resultado de intentar dar algo que, para empezar, no tienes.

Aprendes esto cuando intentas hacer algo y fracasas. O peor aún, cuando logras «tener éxito», pero una parte de ti muere por dentro.

Esto me pasó recientemente. La iglesia que dirijo forma parte de una familia de iglesias en nuestra ciudad. Yo solía liderar las tres. Era responsable de la dirección de tres congregaciones y tres equipos de ancianos, de un montón de líderes tipo A —de alto nivel—, de un equipo de más de noventa personas y de muchas otras cosas más. Ah, y acepté este trabajo cuando apenas tenía treinta años. Iba de reunión en reunión en reunión, trabajando sin descanso para sacarlo todo adelante… y estaba abatido. Quiero decir que era tan infeliz que apenas podía levantarme de la cama por las mañanas. Después de tres años de desgarrar mi alma hasta los huesos, finalmente entendí que lo que estaba haciendo estaba fuera del llamado de Dios para mi vida. Estaba quemado porque intentaba ser alguien que no soy, dar algo que no tengo. Soy introvertido. No puedo cambiarlo, no más de lo que podría crecer ocho centímetros o hacer que mis ojos azules se vuelvan de color verde. Odio las reuniones. Quiero estar a solas con mi biblioteca y unos pocos amigos cercanos.

Dios ha dejado claro mi llamado: yo soy una voz. Estoy para hablar de visión con la iglesia, enseñar las Escrituras y escribir un poco. Eso es todo. Creo que para eso me puso Dios en esta tierra. Despertar a esta realidad fue brutal. Porque fue vergonzoso. Básicamente, fracasé en mi trabajo. Estaba frustrado, y la gente estaba frustrada conmigo. No funcionaba. Así que pregunté a los ancianos de mi iglesia si podía renunciar. Fueron lo suficientemente generosos como para decirme que sí (quizás pensaban: *¡Por fin!*). Ahora dirijo solo una iglesia, no tres. Y comparto el liderazgo con un equipo increíble de personas. Puedo ser yo mismo. Gano menos dinero, tengo menos influencia, mucho menos de qué presumir… y vuelvo a sentirme humano.

Es necesario que aprendamos a abrazar tanto nuestro potencial como nuestras limitaciones. Porque ambas cosas son señales que nos apuntan hacia adelante, hacia el llamado de Dios en nuestra vida.[4]

Ahora, démosle la vuelta a la conversación, pasemos de mí a ti.

Quizás estás ahí sentado leyendo este libro y sabes exactamente a qué estás llamado. ¡Genial! Ya estás en marcha.

Pero quizás lo estás leyendo y no tienes la menor idea de cuál es tu llamado. Te sientes sin rumbo. Sin visión. Perdido y confundido. Darías lo que fuera por saberlo.

O tal vez estás en un punto intermedio: tienes una vaga idea de lo que Dios te hizo para ser, pero todavía no lo ves claro.

En mi experiencia, la mejor manera de encontrar tu vocación es empezar a hacer preguntas. Muchas preguntas. Como ya dije antes, el llamado es algo que desentierras, que surge desde lo más profundo de ti. Este es el tipo de preguntas que yo haría...

¿Qué amas?

¿Qué te apasiona? ¿Qué te enoja? ¿Qué te pone triste? ¿Feliz? ¿Qué te llena de energía? ¿Qué te quita el sueño por las noches? Quizás eres callado... pero ¿cuál es esa única cosa de la que siempre te gusta hablar?

Empieza por ahí.

Es mi pregunta para Dave: «Si pudieras hacer cualquier cosa, ¿cuál sería?».

Otra forma de preguntar lo mismo es: ¿Qué harías con tu vida si no te pagaran y no necesitaras el dinero? Algunos estarán pensando: ¿Sentarme junto a la piscina? No, me refiero a qué harías después de pasar un año entero haciendo eso y te aburrieras hasta la médula. ¿Qué harías si el dinero no fuera un problema?

En mi caso, enseñaría las Escrituras. El arte de estudiar un texto antiguo inspirado por Dios y luego trasladarlo a nuestro mundo me resulta fascinante. Y también escribiría. Cobro vida cuando escribo. Es lo que amo. Es para lo que siento que fui creado. Y aunque ambas cosas son un trabajo duro, y hay días en los que solo quiero dormir hasta tarde y ver *La guerra de las galaxias*, realmente amo lo que hago.

El consejo de Gerry, mi mentor, a los jóvenes es este: descubre lo que amas y luego mira si puedes ganarte la vida con ello.

Los realistas se estarán burlando ahora. Vamos, madura. Y con razón. Muchas veces no podemos hacer lo que amamos. Y está bien. Pero aun así vale la pena intentarlo. Otras veces sí podemos, solo que de una manera diferente.

Mi amigo Casey quería con todas sus fuerzas ser músico profesional. Su pasión era la guitarra y el canto. Es divertido, entretenido, un gran compositor, e incluso grabó un disco bastante decente... pero no lo suficiente como para salir de gira a tiempo completo. Ah, y luego su esposa quedó embarazada. Necesitaba un trabajo que mantuviera a una familia. Así que, al principio, estaba desanimado, deprimido, con un aire derrotista, pero entonces tuvo una idea. Abrió una tienda de guitarras. Hace guitarras personalizadas —impresionantes, de altísima calidad, bellísimas— para algunos de los mejores guitarristas de la música. Logró tomar su pasión —la música— y convertirla en su sustento.

Hacerse esta pregunta es un lujo que la mayor parte del mundo no tiene. Si naces en Uganda, de donde es mi hija, no piensas en hacer lo que amas; piensas en hacer lo que sea que te permita sobrevivir. Pero en Occidente —por nuestro asombroso nivel de riqueza— tenemos la oportunidad de seguir nuestro corazón. Y me parece increíble que haya personas que ni siquiera lo intenten.

¿Qué se te da bien? (Ah, ¿y qué se te da mal?)

Con suerte, la respuesta a esta pregunta será la misma que en el caso anterior, pero no siempre es así. ¿Cuántos de nosotros conocemos a alguien que quiere cantar, o jugar al fútbol, o diseñar ropa, o lo que sea... pero sencillamente no se le da demasiado bien?

Cuando era niño, yo quería ser jugador profesional de baloncesto. Veía la película *The Pistol: The Birth of a Legend* (¿alguien la ha visto?), sobre un chico que más tarde se convertiría en un prodigio de la NBA. Él dribleaba por todo el salón con los ojos vendados e inventaba ejercicios increíbles en la entrada de su casa. Así que yo salía a mi patio delantero, ponía conos y me ponía a botar la pelota alrededor de ellos y todas esas cosas.

Había solo un problema: yo era pésimo en baloncesto. O sea, era realmente malo. Me tomó un tiempo darme cuenta, y luego tuve que enterrar el sueño en mi patio trasero, junto con mi balón y mi camiseta. Fue un día triste. Pero entonces descubrí la música. Y en eso sí que era bastante bueno. De modo que formé una banda. Y nos fue bastante bien. Grabamos algunos discos y terminamos firmando con una compañía discográfica. Pero después descubrí que enseñar la Biblia era algo en lo que realmente podía llegar a ser bueno.

Descubrir nuestros dones es algo que lleva tiempo. Y luego son necesarios años para desarrollarlos. La mayoría de nosotros no lo sabemos realmente cuando somos jóvenes. Así que experimenta.

Harás algunas cosas y sentirás que cobras vida, y la gente a tu alrededor dirá: ¡Guau, eres tan bueno en esto! Deberías hacerlo más seguido. Y después harás otras cosas —como el baloncesto— y la pelota saldrá disparada de tu pie grande como una lancha, rebotará contra la ventana de un vecino y tendrás que salir corriendo a esconderte. Es todo lo que digo. Harás algunas cosas y no te sentirás vivo, y la gente a tu alrededor te dirá: Mmm, igual deberías probar otra cosa.

Y está bien. Celébralo. Cada vez que fracases, haz una fiesta: acabas de dar otro paso adelante al descubrir lo que no estás llamado a hacer. No es un fracaso si fallas en algo que no se suponía que hicieras. Es un éxito. Porque con cada logro, y con cada supuesto fracaso, estarás obteniendo una visión más clara de tu llamado.

Incluso después de algunos años difíciles con mi iglesia, hoy tengo más claridad que nunca con respecto a mi vocación. Porque he aprendido en qué soy bueno y he aprendido en qué soy malo. Y cuanto más acepto ambas cosas, más libre me vuelvo.

No hay nada como esa sensación de ser bueno en algo. No de manera arrogante, presumida o engreída, sino ese tipo de sensación de Génesis 1, cuando «Dios miró todo lo que había hecho y consideró que era muy bueno». Es esa sensación de un viernes por la tarde, cuando miras hacia atrás en tu semana de trabajo y sonríes.

Yo soy perfeccionista, lo que significa que soy más duro conmigo mismo que nadie más, y rara vez me siento satisfecho con mi trabajo. Pero hay momentos, cuando estoy enseñando un domingo, en que justo en medio de ello tengo esta extraña sensación como fuera de mi cuerpo, y pienso: «Fui hecho para esto». Es una sensación que todos deberíamos experimentar, al menos de vez en cuando.

¿Qué necesita tu mundo?

Cuando miras a tu ciudad, tu nación, tu generación —al mundo en general—, ¿qué es lo que falta? ¿Qué es lo que más necesita el mundo? Cuando observas el mundo, ¿qué ves? ¿Piensas que alguien tiene que arreglar eso?

Tal vez ese alguien eres tú.

¿Recuerdas abad? El trabajo es servicio. A menudo, cuando hablamos de vocación y llamado, la conversación gira en torno a la autorrealización. Y no todo es malo, pero puede torcerse muy rápido. Somos seguidores de Jesús. Creemos que la verdadera plenitud se encuentra en entregar nuestra vida, no en aferrarnos a ella. Jesús fue un siervo. Y nosotros también lo somos.

Entonces, ¿dónde necesita el mundo que la gente sirva?

Aquí es donde la enseñanza de las Escrituras sobre el trabajo manual está muy adelantada a su tiempo. Pablo aconseja a los tesalonicenses que «se ocupen de sus propios asuntos y trabajen con sus manos».[5] En el antiguo Mediterráneo, se despreciaba el trabajo manual. Cavar zanjas para las cloacas, pavimentar los caminos de la ciudad, preparar la comida para la familia... ese tipo de trabajo lo hacían los esclavos, los sirvientes y los pobres. Los historiadores sostienen que la Biblia es uno de los pocos documentos antiguos que dignifica el trabajo manual como una forma honorable de vida.

Ahora bien, ojalá ames lo que haces, que no sea una carga pesada o mera supervivencia rutinaria, sino un llamado. El novelista Frederick Buechner lo expresó de esta manera: el trabajo es «el lugar donde tu profunda alegría y el hambre profunda del mundo se encuentran».[6] Eso es lo que deberías buscar: la intersección entre lo que amas y lo que tu mundo necesita.

Pero tu llamado no tiene que ser glamuroso ni moderno ni estar «de moda». Para que la civilización prospere, necesitamos personas que recojan la basura y el reciclaje, que cultiven maíz, que asierren madera, que tiendan las camas en los hoteles y que entreguen el correo. Todo eso es buen trabajo, honorable, trabajo de Adán y Eva.

¿Tu llamado hace del mundo un lugar más parecido al Jardín?

¿Contribuye al florecimiento humano? ¿Es bueno para la tierra? ¿Bueno para ti? ¿Bueno para tu ciudad, tu nación, tu mundo? ¿Bueno para la cultura? ¿Toma las materias primas del planeta —metal y madera, viento y palabras, ideas y $E=mc^2$— y las reordena en un espacio donde los portadores de la imagen de Dios puedan prosperar en relación con él?

Y más importante aún, ¿es algo que hace sonreír a Dios? Después de todo, su opinión sobre tu trabajo importa más que la de cualquiera. Al final de un día de arduo trabajo, ¿puedes escuchar a Dios susurrarte al oído: «Bien hecho»?

Ciertos tipos de trabajo no pueden ser una vocación, un llamado de Dios: usar tu cuerpo de manera pornográfica o sexualizada.

Manipular a compradores primerizos de vivienda para que tomen préstamos que no pueden pagar.

Desviar los recursos naturales del mundo en desarrollo para que el 1 % viva un poco mejor.

En lo personal, no creo que ser francotirador o piloto de drones Predator (o cualquier trabajo en el ejército cuyo objetivo explícito sea matar) pueda considerarse una vocación. Simplemente, no veo manera de reconciliarlo con las enseñanzas de Jesús sobre la no violencia: «Amen a sus enemigos, hagan bien a los que los odian, bendigan a los que los maldicen, oren por quienes los maltratan».[7]

Estés de acuerdo conmigo o no, el hecho es este: hay trabajos que traen vida, sanidad, esperanza y belleza al mundo, mientras que otros traen violencia, robo, pobreza y caos.

El único trabajo que puede ser una vocación, un llamado de Dios, es aquel que armoniza con la visión de Jesús sobre el reino de Dios.

¿Y qué hay de tu trabajo/profesión/carrera/negocio/especialidad universitaria/plan a cinco años/sueño? ¿Ayuda a la humanidad? ¿Hará del mundo un lugar mejor? ¿Un lugar más parecido al reino? ¿Un lugar más parecido al Edén?

¿Cuáles son las puertas abiertas en tu vida?

No estás solo en esto. Al menos, no si eres un seguidor de Jesús. Creo profundamente que Dios está contigo. Que Él está involucrado. Ahora bien, no soy fatalista. No creo que todo lo que pasa venga directamente de la mano de Dios.[8]

Yo lo expresaría de esta manera: Dios está involucrado en tu historia en la medida en que tú abras tu vida a su autoría.

Entonces, ¿qué tienes delante de ti? ¿Qué está sucediendo? ¿Qué no está ocurriendo? Con esa tercera pregunta hay que tener cuidado, porque a veces una puerta cerrada es solo cuestión de tiempo, o significa que necesitas golpear un poco más fuerte, o incluso empujar con el hombro. Pero espero que entiendas lo que quiero decir: ¿qué ha puesto Dios frente a ti?

A veces, un llamado nos está mirando fijamente a la cara; solo necesitamos devolverle la mirada.

¿Qué está bendiciendo Dios?

Supongo que esta es la pregunta de seguimiento a la anterior. Pero vale la pena hacerla: ¿hay un ámbito en tu vida que Dios simplemente no deja de bendecir? ¿Algo en lo que eres bueno, y cada vez mejor, donde las puertas se siguen abriendo y que además genera mucho bien?

Ahora bien, hay personas realmente brillantes y talentosas, buenas en un montón de cosas diferentes. (Ojalá yo fuera una de ellas). Por sí sola, esta pregunta podría llevarte en la dirección equivocada. Pero puesta en conjunto con todas las demás preguntas, es posible que algo destaque. Es casi como si, en ese ámbito, todo lo que tocas se convirtiera en oro.

Podría ser la forma en que Dios te dice: Caliente, más caliente, ardiendo. Esto es lo que debes hacer con tu vida.

Muy bien, esta siguiente pregunta es clave…

¿Qué dicen las personas que te conocen?

A veces, las personas que nos aman nos conocen mejor que nosotros mismos. Ellos ven quiénes somos en realidad. Escucha a esas personas. Si estás casado, escucha a tu cónyuge. Si tienes padres que te aman, escúchalos. Si vives en comunidad, escúchalos. Pregúntales qué ven en ti. Y, entonces, escucha con sinceridad independientemente de lo que tengan que decirte.

¿Secundan las personas tu deseo? ¿Lo confirman? Sí, vas por buen camino. Estás pensando correctamente. Creo que serías excelente en eso. ¿O, por el contrario, te advierten en contra? No lo sé. Eso podría terminar mal para ti porque ______.

Obviamente, aquí entran en juego las opiniones y los prejuicios. (No me preguntes si deberías unirte al ejército. Tengo convicciones muy firmes respecto a los seguidores de Jesús y la violencia. Puedes imaginar lo que voy a responder). Pero, en palabras de un sabio hebreo antiguo: «En la multitud de consejeros hay seguridad».[9]

Pregunta a la gente qué piensa… y después escucha.

¿Qué está agitando el Espíritu en tu corazón?

Esta es similar a la primera pregunta, pero un poco diferente, porque a veces el Espíritu nos llama a hacer cosas que no queremos hacer. Sinceramente, juré que nunca sería pastor. Quería dedicarme a la arquitectura y al diseño… pero aquí estoy. Prueba de que Dios tiene sentido del humor.

¿Hay algo que esté agitando tu corazón y que sientes que simplemente tienes que hacer? ¿Algo que necesitas expresar, intentar, tengas éxito o fracases? ¿Algo que sientes que Dios ha puesto en tu mente y de lo cual un día tendrás que dar cuentas ante tu Creador?

Hay muchas cosas que me parecen divertidas, y con las que quizás podría ganarme la vida… pero enseñar las Escrituras es lo que siento que debo hacer. Tal vez sea un mal ejemplo porque suena demasiado «espiritual». Pero podría ser diseñar casas, inventar tecnología ecológica para la construcción o abrir un puesto de tacos… cualquier cosa que sientas que Dios está despertando en ti.

Quizás tu respuesta a esta pregunta sea: *No, nada.* Bien, probablemente eso sea lo normal para la mayoría. Pero tal vez sí haya algo, y lo llevas con un sano y reverente temor de Dios. Si es así, sea lo que sea, ve y hazlo…

No estoy muy seguro de cómo te sientes ahora mismo: emocionado, asustado, confundido, frustrado…

Tal vez, al filtrar tu vida a través de esta serie de preguntas, tu llamado empiece a tomar forma.

Recuerda que, para la mayoría de nosotros, nuestro sentido de vocación empieza siendo vago y poco claro —más un sentimiento y un deseo que un plan a cinco años—, pero con el tiempo se va definiendo. Yo creo que Dios me llamó a iniciar una iglesia en Portland cuando aún era muy joven, a finales de la secundaria. Pero no tenía idea de cómo funcionaría ni de qué haría con exactitud. Ahora, a los treinta y tres, apenas estoy empezando a descubrir quién soy, qué me apasiona, qué se me da bien, qué se me da mal, cómo estoy diseñado y qué ha puesto Dios delante de mí para que lo lleve a cabo. Y yo comencé este proceso siendo adolescente. Para la mayoría de nosotros, nuestro llamado o vocación no quedará claro hasta que lleguemos a los treinta. Y está bien.

Si te encuentras en ese lugar de curiosidad o confusión, esto es lo que yo diría…

Escucha la voz de Dios. Pídele que te ayude a descubrir tu vocación. La mayoría de nosotros no tenemos la experiencia de la zarza ardiente, pero algunos sí. Pídela. Busca un tiempo a solas, ayuna, ora, haz un retiro, vete de campamento tú solo, alquila una habitación en un monasterio… y escucha. Solo recuerda que para oír, hay que estar en silencio.

En su obra maestra sobre la vocación, Parker Palmer escribe lo siguiente: «El alma es como un animal salvaje: fuerte, resiliente, astuta, autosuficiente y, sin embargo, extremadamente tímida. Si queremos ver un animal salvaje, lo último que deberíamos hacer es irrumpir en el bosque gritando para que salga. Pero si estamos dispuestos a caminar en silencio por el bosque y sentarnos tranquilamente durante una o dos horas al pie de un árbol, la criatura que esperamos bien podría aparecer, y con el rabillo del ojo alcanzaremos a vislumbrar la preciosa naturaleza indómita que buscamos».[10]

Y trae a otras personas a este viaje. No lo hagas solo. Invita a tu mentor, a tu mamá, a tu papá, tu tío, tu compañero de cuarto, tu profesor, tu jefe, tus amigos... personas que te conocen y te aman, a recorrer el camino contigo.

Y luego, tan solo empieza a vivir. Sigue tu corazón. No tengas miedo de probar cosas. No te tomes el fracaso demasiado en serio. De hecho, tampoco te tomes el éxito demasiado en serio.

Y recuerda que los trabajos, las carreras y las funciones van y vienen, pero el llamado —al menos en el sentido en que estoy escribiendo sobre él— permanece igual a lo largo de la vida.

El otro día tuve una entrevista de radio sobre mi último libro. Al entrar a la estación, me encontré con un chico de mi iglesia. Nunca habíamos tenido una conversación decente, así que empecé a preguntarle por su historia. Él comenzó como plantador de iglesias; después trabajó en una compañía de ropa como gerente de ventas al por menor y ahora está en ventas publicitarias de radio. ¡Tres trabajos totalmente distintos! Pero dijo algo increíblemente revelador: «En realidad, todos son lo mismo. Se trata de personas.

Amo a las personas. Y me encanta entusiasmarlas con algo nuevo. Para eso me hizo Dios».

Brillante.

Esto le pasa a mucha gente. Mi esposa, Tammy, por ejemplo. Ella sabe que su trabajo cambiará a mitad de su vida. Cuando los niños sean más mayores y estén en la escuela, hará otra cosa. Como dije antes, quiere convertirse en enfermera. Quiere trabajar en rehabilitación, ayudar a las personas después de una lesión. Porque su vocación es más amplia que ser madre: ella siente que Dios la hizo para ayudar a que las personas se desarrollen hasta ser la mejor versión de sí mismas. Ahora lo hace como madre de nuestros tres hijos; en el futuro, parece que lo hará como enfermera. Dos trabajos del todo distintos, pero exactamente el mismo llamado.

Esto es lo que quiero decir...

Si Dios te hizo para pintar, ve y pinta.

Si Dios te hizo para cuidar, enseñar y acompañar a los niños en su crecimiento, hazlo.

Si Dios te hizo para diseñar puentes, ponte manos a la obra.

Si Dios te hizo para enseñar filosofía, entonces te necesitamos. Ve a la universidad. Consigue títulos. Piensa a largo plazo. Y moldea el pensamiento del mundo del mañana.

Porque hayas sido llamado a lo que hayas sido llamado —escribir una sinfonía, dirigir una empresa de jardinería, inventar energía hidroeléctrica, crear una vacuna contra el VIH/SIDA, abrir una sandwichería, enseñar literatura inglesa en Yale, o inventar un helado vegano realmente bueno—, sea lo que sea, si no lo haces, no solo te robas a ti mismo la vida a la que Dios te llamó, sino que también nos robas a los demás. Necesitamos que seas tú.

No nos prives de eso. Danos todo lo que tienes.

Todo es espiritual

De modo que tienes un llamado. Dios te creó para que fueras alguien. Para que realizaras algo. Lo único que tienes que hacer es desenterrarlo de entre los escombros de tu miedo, tu inseguridad, tu crianza, tu cultura y tu conciencia. Está ahí. Esperando a ser descubierto.

Pero sé lo que algunos de ustedes están pensando: *¿De verdad?* Sé que Dios llama a la gente para cosas de la iglesia, pero yo soy especialista en informática en una compañía de telefonía móvil… ¿cómo puede ser eso un llamado de Dios?

Para llegar a una teología del trabajo —y del descanso— robusta, profunda, rica y vibrante, tenemos que cruzar el abismo que representa la división entre lo sagrado y lo secular.

Y debo advertirte: es un abismo profundo, ancho y hasta ominoso. Así que ponte las botas…

La división entre lo sagrado y lo secular es esta idea errónea de que algunas cosas son sagradas o espirituales y, por lo tanto, le importan a Dios; pero otras son seculares o físicas y, por implicación, no le importan a Dios, al menos no demasiado.

El problema con esta manera de pensar —tan extendida, omnipresente, dominante y destructiva— es que, bajo esa definición, la mayor parte de la vida es secular.

Lo «sagrado» representa apenas una diminuta porción del pastel: ir a la iglesia, orar, leer las Escrituras, evangelizar. ¿Cuánto supone eso? ¿El 5 % de nuestra vida? ¿Como mucho? ¿Y solo si eres realmente «espiritual»?

La mayor parte de la vida —ese 95 % restante— se gasta haciendo las compras, paseando al perro, cortándote las uñas de los pies, leyendo en el parque, practicando yoga con tu esposa, comiendo un burrito y luego sintiéndote hinchado… aunque menos, si acabas de terminar tu sesión de yoga.

Esas son las cosas de la vida cotidiana.

Y, por eso, la mayoría de nosotros nos sentimos un poco frustrados, porque pensamos que lo que hacemos cada día —nuestro trabajo y nuestro descanso, la forma en que jugamos, nos relajamos y disfrutamos del mundo de Dios— es algo sin sentido, sin propósito, efímero, y que en realidad no importa en el gran esquema del cielo, el infierno y la vida eterna… porque no es sagrado.

Gran parte de la vida es simplemente rutina. No hay nada glamoroso en ello. No sentimos que estemos cambiando el mundo; estamos cambiando pañales, respondiendo correos electrónicos o actualizando una hoja de cálculo de Excel. Y entonces nos sentimos frustrados, o quizá hasta vacíos y sin rumbo, porque cada noche, al acostarnos, pensamos: «¿De verdad importa todo esto?».

O sentimos una punzada de culpa porque, aunque nuestro trabajo como especialistas en informática no sea «sagrado», en realidad lo disfrutamos y estamos orgullosos de lo que hacemos. Y cada vez que llegamos a casa del trabajo y tomamos una copa de buen vino, o vemos una gran película, o comemos una comida deliciosa, sentimos esta incómoda sombra de vergüenza, porque lo disfrutamos mucho —uno se siente bien, es correcto, terrenal y humano— pero no es «espiritual».

Todo este paradigma de lo sagrado frente a lo que se define como secular está profundamente distorsionado. Y no solo es falso, sino también peligroso. Permíteme explicarlo...

Para comenzar, hablemos de la palabra *espiritual*. Es uno de esos términos que usamos todo el tiempo, pero, como dijo una vez con ingenio un sabio español con un bigote peculiar: «No creo que signifique lo que piensas que significa».[1]

¿Sabías que no existe una palabra para *espiritual* en la lengua hebrea?

El hebreo es la lengua de las primeras tres cuartas partes de la Biblia, lo que llamamos el Antiguo Testamento.

Busca la palabra *espiritual* en la Biblia desde Génesis hasta Malaquías, la Biblia que usaba Jesús.

No

está

ahí.

¿Por qué? Porque, en la cosmovisión hebrea, toda la vida es espiritual.

¿Has leído alguna vez ese libro tan extraño llamado Levítico? Deberías. Está en una parte del Antiguo Testamento denominada la Torá, una palabra hebrea que significa *enseñanza* o *ley*.

Y contiene leyes —quiero decir, enseñanzas— sobre cada aspecto de la vida.

Leyes sobre cómo purificarte para el templo, cómo hacer un sacrificio, cómo lavarte las manos antes de hacer un sacrificio, qué clase de animal ofrecer si tienes dinero y qué clase de animal ofrecer si eres pobre. Leyes sobre expiación, adoración, justicia y misericordia...

y

también hay leyes sobre enfermedades de la piel —esa fea mancha roja, molesta que te pica en el pie izquierdo—, sobre qué tipo de material usar para tu ropa, qué hacer si hay moho en tu cocina (¿hay alguien que no tenga moho en su cocina?), sobre el ciclo menstrual de la mujer, los sueños húmedos, qué hacer si tu burro cae en una zanja un sábado, sobre gobierno, economía, justicia social... y sobre prácticamente todo lo que puedas imaginar.

¿Por qué?

¿Por qué pondría Dios todo eso —cientos y cientos de leyes— en la Biblia? Después de todo, ¿no se supone que la Biblia es sagrada?

Y no se trata solo de que el pie de atleta, la menstruación, la disfunción eréctil, los impuestos y la teoría económica aparezcan en la Biblia, sino de que hay leyes sobre ellos. Enseñanzas sobre cómo hacer o no hacer esas cosas. Hay una forma específica en la que el Creador quiere que afrontemos todo esto que parece tan poco espiritual, tan secular, tan común y corriente.

Es casi como si importara.

Incluso cuando llegas al Nuevo Testamento, en realidad la palabra *espiritual* solo la usa Pablo. En sus escritos significa «animado por el Espíritu Santo». Y para él, cada aspecto de nuestra vida debería ser espiritual.[2] Creo que si le hubieras preguntado a Jesús acerca de su «vida espiritual», te habría mirado bastante confundido. Supongo que habría respondido: ¿Qué quieres decir con mi vida espiritual? ¿Te refieres a mi vida? Toda mi vida es espiritual.

Jesús no aceptó la idea de una división entre lo sagrado y lo secular. Ni un ápice. Para él, el Dios al que llamaba Padre estaba tan cerca como el aire que roza nuestra piel. Para él, la vida era una experiencia continua, integrada, holística, donde lo sagrado nos rodea por todas partes. Y, según Jesús y su camino, Dios quiere estar involucrado en cada centímetro cuadrado de nuestras vidas.

Porque todo es espiritual.[3]

Todo le importa a Dios.

¿Cómo pasamos de Jesús y su mundo saturado de Dios a esta forma de pensar plana, anémica y bidimensional?

Bueno, un poco de historia. Tranquilo, no tomará mucho tiempo. Pero una de las razones por las que la división entre lo sagrado y lo secular está tan profundamente incrustada en la conciencia de Europa Occidental es porque existe desde hace mucho, muchísimo tiempo.

Al menos data desde Platón y los primeros filósofos griegos, si no antes. Platón —cuyas huellas están por todas partes en la cultura occidental— planteó esta dicotomía entre un mundo espiritual y un mundo físico, como si fueran dos lugares separados. Su meta era pasar de uno al otro. Y con el tiempo, esta cosmovisión fue penetrando en la iglesia.

Tardó un poco. Después de todo, los primeros seguidores de Jesús eran, en su mayoría, judíos. Estaban enraizados en una visión del mundo modelada por Génesis, donde el planeta Tierra, con todos sus problemas y dificultades, era bueno en su esencia y, a pesar de todas sus gloriosas imperfecciones, era hogar. La gran esperanza judía no era morir e irse a algún otro lugar, para que tu cuerpo se descompusiera y tu alma flotara hacia un mundo espiritual llamado cielo[4] en lo alto.

La esperanza era la resurrección: corporal, tangible, en carne y hueso, con suciedad bajo las uñas. Que el Creador realizara su obra sanadora y salvadora aquí mismo, en la tierra.

Como dijo el Mesías mismo: «Venga tu reino, hágase tu voluntad, así en la tierra como en el cielo».

Esta era la esperanza de Jesús, de Pedro, de Pablo y de los incontables hombres y mujeres que fueron los primeros en llamar a Jesús «Señor».

Pero a medida que la iglesia se expandió desde Jerusalén hacia ciudades como Filipos, Corinto y hasta la misma Atenas —la ciudad natal de Platón—, y a medida que los gentiles (personas no judías, nacidas dentro de una cosmovisión muy distinta) comenzaron a unirse a la iglesia, con los años la marea cambió. El pensamiento platónico, dualista, de lo sagrado y lo secular, empezó a infiltrarse e infectar la ética de pueblo de Jesús.

Alcanzó su punto máximo en la Edad Media, cuando la iglesia enseñaba abiertamente que todo trabajo fuera de ella era secular, sin importar cuán semejante al Edén pudiera ser. De hecho, la palabra *llamado* se usaba únicamente para el trabajo eclesiástico. La mentalidad era: si quieres hacer algo que de verdad importe, algo para el reino, hazte sacerdote, monja, monje o teólogo. La única otra opción era trabajar duro todo el día en un empleo que considerabas irrelevante, para luego salir de allí y «servir al Señor».

Y, así, el reino de Dios —cósmico, gigantesco, 24/7— fue reducido a unas pocas centenas de personas cantando canciones en un edificio bonito durante una hora cada fin de semana.[5]

Entonces, hace unos siglos, surgió un movimiento de personas que empezaron a tener pensamientos radicales, subversivos, liberadores y maravillosamente nuevos —o, en realidad, muy antiguos— sobre Dios, sobre Jesús, sobre la iglesia y sobre lo que significa ser humano. Se hicieron llamar los reformadores. Su propósito era reformar la iglesia desde adentro hacia afuera. Y entraron en guerra contra la ideología de lo sagrado y lo secular.

Sugirieron esta idea provocadora y peligrosa que llamaron «el sacerdocio de todos los creyentes». Citaban al apóstol Pedro: «Vosotros sois linaje escogido, real sacerdocio».[6] Y luego se daban la vuelta y decían cosas tan impactantes como: «Ustedes son un pueblo escogido, y sacerdocio real».[7]

Ten en cuenta que esto ocurría en la Europa del siglo XVI. Ya había sacerdotes: los tipos que trabajaban para la iglesia. Ellos —y solo ellos— podían mediar entre el Creador y la creación, y transmitir la vida de Dios a su pueblo.

Pero los Reformadores —esa insurgencia rudimentaria del reino— decían: «No, todos somos sacerdotes».

¿Eres agricultor? Claro que sí, *y* también sacerdote.

Eres profesor de derecho, y eres sacerdote.

Eres estudiante en una universidad comunitaria, y también sacerdote.

Tú medias entre el Creador y la creación. Eres su representante. Transmites su bendición a quienes lo conocen y también a quienes no lo conocen.

Y tienes un llamado. Lo que haces le importa muchísimo a Dios.

Porque ese es tu ministerio.

Tengo una relación de amor y odio con la palabra *ministerio*, lo que significa básicamente que la aborrezco. Trabajo en una iglesia, y por eso la gente me pregunta todo el tiempo: «¿Cómo es estar en el ministerio a tiempo completo?» o «¿Cuándo supiste que estabas llamado al ministerio?». Yo soy un poco sarcástico y me incomodo con demasiada facilidad, así que a veces respondo con una broma: «¿Cuándo supiste tú que estabas llamado al ministerio?».

«Pero yo soy maestro de preescolar».

¿Y qué?

La palabra *ministerio* no significa otra cosa que *servicio*.[8] Tu ministerio es tu servicio: es el papel que desempeñas, el lugar que ocupas, el espacio donde haces lo que te corresponde para trabajar por un mundo semejante al Jardín.

La expresión «ministerio a tiempo completo» es tabú en nuestra iglesia. Cada vez que alguien nuevo se une al equipo la suelta inevitablemente, y yo me río mientras nuestro equipo se encarga de corregirlo. No te preocupes; lo hacemos con amabilidad, pero desde luego somos la policía del lenguaje.

Porque si las personas que trabajan en una iglesia están en el «ministerio a tiempo completo», ¿qué significa eso para todos los demás? ¿Ministerio a tiempo parcial? ¿Ministerio voluntario, pro bono, amateur, de aficionados, de los que quisieran pero no? ¿O simplemente nada de ministerio?

Y ni hablemos de la palabra *laico*…

Recuerda: la palabra *ministerio* solo significa *servicio*. Todos servimos. Todos estamos en el ministerio. Algunos de nosotros, como yo, servimos dentro de la iglesia, y eso está muy bien. Pero la gran mayoría de ustedes sirven fuera de la iglesia —como los paramédicos, los arquitectos paisajistas, los diseñadores en Google, los guías de caza, los instructores de surf, los radiólogos o los encargados de un estacionamiento—, pero eso no significa necesariamente que estén sirviendo fuera del reino. Y, por supuesto, no significa que lo que hacen no sea espiritual o que no le importe a Dios.

Por eso tenemos que librar una batalla contra la ideología de lo sagrado y lo secular: porque en esencia compartimenta a Dios. Tenemos nuestra «cajita de Dios», y luego nuestra cajita del trabajo, y la del descanso, y la de la dieta y el ejercicio, y la del entretenimiento, y la del dinero… y así vamos cortando la vida en pequeños pedacitos. Y en medio de todo ese masoquismo, Dios se convierte en una partida de nuestro presupuesto, en un espacio de nuestra rutina diaria, en un edificio al que vamos cada domingo por unas horas. Dios, en la práctica, queda excluido de la mayor parte de nuestras vidas.

Esto es desastroso para vivir esa vida saturada de Dios, de inmersión total, de la que Jesús quiere que no podamos ni tocar fondo. Y si vives de esta manera, con el tiempo es fácil terminar en uno de dos extremos.

Algunas personas se consideran seguidoras de Jesús... pero solo dentro de la iglesia. Allí están a tope: toman notas del sermón, se ofrecen como voluntarios en el área de niños, participan en el proyecto trimestral de justicia. Incluso puede que diezmen. Pero cuando van al trabajo, o al concesionario de autos, o al cine, son igual que todos los demás.

Compran, gastan, consumen y se dejan arrastrar por la misma órbita vieja y aburrida del «más, más, más» que todos los demás.

Trabajan en exceso, se agotan y se enferman como todos los demás.

Si están en los negocios, hacen tratos como todos los demás: persiguen la ganancia a toda costa.

Si trabajan en marketing, venden productos del mismo modo que cualquiera en la industria.

Y esto es cierto incluso en el caso de las personas buenas —real y profundamente buenas— que aman a Jesús con todo su corazón. Lo vemos en quienes quieren ganar muchísimo dinero para luego darlo todo por el reino: para plantar iglesias, para evangelizar, para ayudar a niños en países en desarrollo o para luchar contra la malaria en el África subsahariana. Y eso está muy bien. Estoy totalmente a favor de ello. Es evidente. Pero solo si lo que haces para ganarte la vida es igual de bueno, redentor y hermoso.

Porque no importa si ganas un millón de dólares y donas el 90 %, si ese dinero lo ganaste haciendo algo ofensivo, feo, turbio, codicioso, derrochador o dañino para la tierra.

El trabajo que desempeñas importa tanto —si no más— que lo que haces con el dinero que ganas en él.

Pero luego, en el otro extremo, hay muchas personas que piensan que su trabajo tiene que ser claramente cristiano.

De modo que, si son músicos, tiene que ser música cristiana.

Si son maestros, tiene que ser en una escuela cristiana.

Si inician un negocio, el logotipo debe tener un *ichthys* (el pez cristiano), o al menos llevarlo en la tarjeta de presentación.

Y eso no está del todo mal. Parte de ello es realmente inspirador. Pero si todos viviéramos de esa manera, bueno... las cosas podrían llegar a ser muy poco saludables.

Podríamos acabar en un mundo donde la iglesia se convierta en una especie de gueto cultural —una reliquia del pasado, cuando solíamos ser conocidos por un arte deslumbrante, una arquitectura revolucionaria, por empujar los límites de la ciencia y replantear la teoría económica— pero ahora se nos conoce por música de mala calidad, diseños cursis, camisetas parodia y un extraño dialecto tribal que nadie más entiende en realidad. Y el mundo seguiría simplemente adelante sin nosotros... y hasta burlándose o riéndose quizás de nosotros como si fuéramos tontos, y comenzaría a dar forma a un tipo totalmente distinto de cultura sin nosotros.

Eso sería realmente patético.

He oído decir que «*cristiano* es un gran sustantivo y un pésimo adjetivo».[9]

No existe la música cristiana, porque una melodía no puede ser cristiana; solo su compositor puede serlo.

No existe el arte cristiano, porque un lienzo no puede estar lleno del Espíritu del Dios vivo; solo el pintor puede estarlo.

Y, obviamente, no existe un negocio de fontanería cristiano, porque un negocio no puede ser cristiano, como tampoco pueden serlo una tubería, un fregadero, un inodoro o una ducha. Solo el fontanero puede seguir a Jesús. Y ese fontanero (o fontanera) puede hacer negocios de una manera que refleje la visión del reino de Jesús, y en ese sentido el negocio puede considerarse cristiano, pero nada más.

Vemos esto en personas que tienen un gran empleo, que incluso hacen algo realmente bueno por el mundo, pero sienten que no es suficiente. Quieren hacer algo que «de verdad importe». Así que dimiten y se van a trabajar para una organización sin fines de lucro o para una iglesia. Y eso no está del todo mal: todos sabemos que hay trabajos que importan más que otros. Lo triste es cuando la gente piensa que trabajar en una ONG es espiritual y que trabajar en una empresa con fines de lucro no lo es. Como si «para servir verdaderamente a Jesús» tuvieras que trabajar en una iglesia.

Acabo de tomarme un pequeño descanso para bajar a la cafetería de mi edificio y tomar un café con mi amigo Joe.

Joe trabaja en Apple. Mucha gente piensa que mi trabajo es más espiritual que el de Joe. Al fin y al cabo, estoy escribiendo un libro sobre el trabajo y el descanso y lo que todo eso tiene que ver con Dios. Pero aquí está el detalle: lo estoy escribiendo en una computadora. Yo no podría hacer lo que hago si Joe no se levantara cada mañana para ir a su trabajo.

Jugar a «quién tiene el trabajo más importante» es algo que pronto queda obsoleto.

Necesitamos recordar que el trabajo —en sí mismo, por su propio valor— es bueno. Por tanto, si eres especialista en informática en una compañía de teléfonos celulares y puedes reorientar tus habilidades para luchar contra la injusticia, acabar con el hambre en el mundo o hacer famoso el nombre de Jesús, ¡fantástico! Hazlo. Siempre y cuando sepas que el simple hecho de ser especialista en informática ya es suficiente. Lo que haces importa. Tú haces posible —junto con las decenas de miles de personas que trabajan en tu empresa— que la gente pueda levantar un teléfono y llamar a sus seres queridos, en cualquier lugar del mundo, a cualquier hora del día. Eso, amigo mío, es trabajo del Jardín. Lo que haces es un regalo para el resto de nosotros. Gracias por servir.

Quizás ahora estés pensando: *Vale, pero las órdenes de marcha de Jesús fueron hacer discípulos, no resolver los problemas informáticos de Comcast*.

Cierto, pero varios estudiosos señalan el paralelo entre el mandato cultural en Génesis 1 («Sean fructíferos y multiplíquense; llenen la tierra y sométanla») y la conocida

Gran Comisión en Mateo 28 («Vayan y hagan discípulos de todas las naciones»).

Argumentan que Jesús está reformulando el mandato cultural a la luz del pecado humano en el exilio del Edén y de la irrupción de su reino.

Si esto es correcto (y yo creo que lo es), como seguidores de Jesús tenemos una doble vocación. No un llamado único, sino dos.

El llamado original: gobernar la tierra. Hacer cultura.

Y un nuevo llamado: hacer discípulos. Ayudar a las personas a volver a relacionarse con el Creador, para que puedan gobernar la creación. No solo para que reciban perdón y vayan al cielo cuando mueran, sino para que regresen del cielo y gobiernen la tierra, como siempre se supuso que debían hacerlo (hablaré más de esto hacia el final del libro).

Bien.

Si tú eres el informático, cuando vas a trabajar el lunes por la mañana no tienes un llamado, sino dos. Primero, estás llamado a ser un muy buen especialista en informática. A hacer que los sistemas de tu empresa funcionen como una sinfonía. Al hacerlo, estás trabajando de nuevo para el Edén. Bien hecho.

Pero también estás llamado a hacer discípulos. A hablarle a la gente sobre tu Rabí Jesús. Y a vivir de tal manera que las personas te pregunten, no solo sobre informática, sino sobre la vida, el sentido, el propósito, la alegría, la paz, la comunidad, la esperanza, sobre por qué eres un poco diferente. Y a través de eso, con suerte, tendrás la oportunidad de invitar a otros a convertirse en discípulos de Jesús y seguirlo en su labor de crear cultura.

El nuevo llamado a hacer discípulos no niega ni cancela el llamado original de crear cultura. Es una vocación doble.

Ahora bien, la iglesia —incluida la mía— ha puesto en general mucho más énfasis en el llamado a hacer discípulos que en el de crear cultura. Y eso no está del todo mal. Yo creo firmemente que el llamado a hacer discípulos está en primer plano.

Pero tenemos que hacer ambas cosas.

Es fácil olvidar que Jesús fue albañil o carpintero. De hecho, la palabra usada en griego es *tekton*, que simplemente significa *trabajador*. Jesús vivía en el norte de Israel, en un pueblo llamado Nazaret. He estado allí. No hay árboles en kilómetros. Todo en la aldea natal de Jesús estaba hecho de roca basáltica negra. Ocasionalmente se hacía una puerta o un taburete de madera, pero solo si había suficiente dinero. La imagen de Jesús en un taller fabricando una mesa es poco probable. Lo más seguro es que estuviera más cerca de lo que hoy llamaríamos un obrero de la construcción: fuerte, fornido, resistente, trabajador. En cualquier caso, fue un *tekton* durante décadas. Y si trabajar en un empleo ordinario, nada glamuroso, secular, no fue algo demasiado inferior a la encarnación misma del Creador, ¿por qué habría de estarlo para nosotros?

Y no solo fue el caso de Jesús.

Pablo, por ejemplo, trabajó como artesano —fabricante de tiendas— durante todos sus años como plantador de iglesias. En un momento les dijo a sus amigos: «Recordarán, hermanos, nuestros esfuerzos y fatigas para proclamarles el evangelio de Dios y cómo trabajamos día y noche para no serles una carga».[10] Pablo no veía su trabajo como una distracción de su llamado al reino, sino como parte vital de este. Si fabricar tiendas no fue algo demasiado inferior para el autor más prolífico del Nuevo Testamento, ¿por qué no habría de ser suficientemente bueno para nosotros?

A lo que quiero llegar es esto: si eres un obrero de la construcción, un fontanero, un maestro, o un higienista dental, no eres un *obrero cristiano*, o un *fontanero cristiano*, o un *lo que sea cristiano*.

Eres cristiano, un seguidor de Jesús, el Mesías y Señor del mundo.

Y además eres higienista dental. O jugador profesional de fútbol. O lo que pongas en el espacio en blanco.

Así que haz tu trabajo —cualquiera que sea— como seguidor de Jesús. Porque no hay compartimentos. Todo le importa a Dios. El camino de Jesús debe impregnar, influir y dar forma a cada faceta de tu vida.

Quizá eso signifique que aprovecharás tu pequeña empresa para trabajar por la justicia y la misericordia: contratarás a personas del centro de rescate local, donarás la mitad de tus ganancias a programas de mentoría escolar para familias de bajos ingresos, te asegurarás de que tu producto sea sostenible para el medioambiente y de que aporte algo a la economía local.

Pero quizá quiera decir simplemente que te presentarás en tu trabajo como contable y realizarás tu labor muy, muy bien, y el mundo será un lugar mejor, más parecido al Jardín, gracias a ello. Y cada día, cuando vayas a trabajar, encarnarás el camino de Jesús, de modo que tu jefe, tus compañeros, tus contratistas y tus clientes puedan vislumbrar de qué trata ese camino y, con suerte, recibir una invitación a unirse.

Debes saber que eso es suficiente. De hecho, es más que suficiente. Es hermoso.

Algunos de ustedes están leyendo este libro y despertando a la comprensión de que aquello que hacen para ganarse la vida no es su llamado. No es aquello para lo que Dios los diseñó desde el principio. Y no está contribuyendo al florecimiento humano. Necesitan renunciar a su empleo, cambiar de carrera o mudarse al otro lado del mundo y hacer lo que Dios ha puesto en su corazón.

Adelante.

Pero mi esperanza y mi oración es que la mayoría de ustedes estén comenzando a darse cuenta de que lo que hacen para ganarse la vida *sí* es un llamado, y que importa más de lo que creen. Incluso si no tiene absolutamente nada que ver con la iglesia, sigue teniendo teología, peso, respaldo e intensidad.

Porque vivimos en un mundo sin compartimentos.

Para quienes son espirituales —los que están llenos del Espíritu activo y dinámico del mismo Dios—, la línea entre el cielo y la tierra es, en el mejor de los casos, muy delgada. Lo sagrado nunca está lejos.

Y tu trabajo, tu carrera, o lo que sea que hagas a lo largo del día, no está fuera del llamado de Jesús en tu vida: está justo en el centro de él.

Kavod

Me levanté temprano esta mañana para ver el amanecer. Fue realmente algo especial. Un poco nublado, lo justo para hacerlo interesante, pero sin lluvia. El sol despertaba con un caleidoscopio de amarillo, naranja, rosa y rojo, como explosiones en el cielo.

Eso te mueve por dentro.

Cuando estás ahí sentado, respirándolo todo, despierta algún gen dormido en lo más profundo de tu ser, una parte antigua, primitiva, que había estado escondida. Conecta con un manantial inmenso de gratitud, asombro y misterio. De repente, se siente a Dios de un modo tan real, tan cercano, tan bueno. Y te invade una abrumadora sensación de paz, esperanza y quizá hasta optimismo, la certeza de que la cosa no está tan mal como piensas y que, de algún modo, todo va a ir bien.

Vaya… debería madrugar más a menudo.

Pero el otro día tuve exactamente la misma sensación, solo que no fue por un amanecer, sino por un mueble de mi salón. Quizá te parezca extraño, pero tengo debilidad por la arquitectura y el diseño. Si no me dedicara a enseñar o a escribir, haría eso. Y sé lo suficiente sobre diseño de muebles (después de algunos intentos vergonzosos) como para entender lo difícil que es. El nivel de precisión es implacable. Es un arte en el sentido más puro de la palabra. El caso es que este mueble era un aparador que pedí a un diseñador del Medio Oeste.[1] Está personalizado por completo, es único. De nogal macizo, cortado en cuartos para lograr esa textura suave, con apenas un poco de aceite por encima, sin tinte. Y la artesanía es de primera categoría. Cada vez que me detengo a contemplarla, me invade de inmediato una sensación de gratitud, casi como una combustión espontánea. Mi reacción visceral, instintiva, es: *Gracias, Dios, por ser tan bueno*. No puedo evitar ver a Dios detrás del árbol convertido en aparador y en la imagen de su creador humano. Después supe que Matt, el artesano, es seguidor de Jesús, pero en ese momento no tenía ni idea. Y aun siendo solo un mueble —un pedazo de madera en mi casa—, de repente me vi transportado a una conciencia palpable de Dios mismo, presente a mi alrededor.

Quizá para ti no sea el diseño; quizá sea una comida extraordinaria, un concierto, o las risas compartidas alrededor de una mesa con amigos en una cálida noche de verano. Pero existen esos momentos de conciencia. Instantes en los que, de pronto, nos volvemos intensamente conscientes de la realidad, la cercanía y la bondad del Creador.

¿Qué es eso?

Creo que es lo que los autores de las Escrituras llaman «la gloria de Dios».

Mucha gente piensa en la gloria de Dios como en su fama o su estatus de celebridad. Como si la gloria fuera la cantidad de seguidores que Jesús tendría en Twitter. Y aunque estoy seguro de que tendría muchísimos, creo que eso es perderse por completo el sentido.

En hebreo, la palabra para «gloria» es *kavod*. Significa literalmente *pesado* o *de peso*.

¿De modo que la gloria de Dios es su peso? ¿Su pesadez?

La idea subyacente a *kavod* es la importancia de Dios. Tiene peso, en el sentido de ser significativo. Hay algo en este Dios que nos exige quedarnos asombrados ante él.

Y en toda la Escritura, la gloria de Dios se trata de dos cosas:

Presencia

y belleza.

El *kavod* de Dios estaba en el templo de Jerusalén, el centro de la fe de Israel, un portal al mismo cielo. Una nube llenaba el templo de arriba abajo, y se la llamaba *kavod YHWH*, o «la gloria del Señor».

En un relato de 2 Crónicas, el rey Salomón y todo Israel se reúnen para dedicar el templo a Dios. Decenas de miles de personas habían trabajado durante siete años y lo convirtieron en una obra maestra arquitectónica. Salomón eleva una oración magnífica, ofreciéndolo todo a Dios, y entonces, «Cuando Salomón terminó de orar, descendió fuego del cielo y consumió el holocausto y los sacrificios, y la gloria del Señor llenó el Templo. Tan lleno de su gloria estaba el Templo del Señor que los sacerdotes no podían entrar en él».

Y cuando todos vieron la gloria de Dios, se postraron rostro en tierra y «adoraron y dieron gracias al Señor, diciendo: "Él es bueno; su amor perdura para siempre"».[2]

El *kavod* de Dios no es aquí su fama, sino su presencia —el hecho de que estuviera allí, no en la distancia, sino cerca—. El cielo y la tierra unidos, aunque solo por un instante. Y es su belleza, esa sensación pasmosa ante lo bueno que es realmente.

Después de que el pueblo viera el *kavod* de Dios, ¿cuál es la respuesta? La misma que tengo yo al despertar con el amanecer o al pasar junto a mi aparador: adoración y gratitud por quién y cómo es Dios.

La realidad es que el *kavod* de Dios está en todas partes.

Estaba en el templo, en una nube densa e impenetrable, pero luego leemos en los Salmos: «Los cielos cuentan la gloria de Dios; el firmamento proclama la obra de sus manos».[3] La gloria de Dios está en cada centímetro del universo. Su presencia y su belleza lo llenan todo.

Así que el *kavod* de Dios está en el templo y también en el cinturón de Orión, en las montañas de Sierra Nevada y en el parque de la esquina de mi casa.

O, trasladándolo a nuestro tiempo: el *kavod* de Dios está en la iglesia el domingo, cuando nos reunimos para adorar, y está en la playa esa misma tarde, cuando vamos hasta allí para ver ponerse el sol.

Por supuesto, la gloria de Dios es más densa en algunos lugares que en otros. Hubo algo categóricamente distinto en aquella nube del templo, pero el *kavod* está en todas partes. No puedes limitarlo, contenerlo, programarlo, encasillarlo, comercializarlo, reclamarlo, controlarlo ni huir de él. Solo puedes cerrar los ojos y vivir ciego; o abrirlos y terminar postrado en el suelo.

Fue el profeta Habacuc quien declaró que nos encaminamos hacia un mundo donde «la tierra será llena del conocimiento de la gloria del SEÑOR, como las aguas cubren el mar».[4] Así que, ahora, no todos conocen el *kavod* de Dios; algunos están ciegos y son ajenos a él. Pero, en un futuro cercano, todos lo conocerán. Porque tener consciencia del *kavod* de Dios llenará la tierra como las aguas cubren el mar.

Mientras tanto, ¿qué tiene que ver todo este tema de la gloria con el trabajo, con el descanso y con lo que significa ser humano?

Me alegra que hayas hecho esa pregunta.

Uno de los mandamientos más desconcertantes del Nuevo Testamento viene del apóstol Pablo:

«Ya sea que coman o beban, o hagan lo que hagan, háganlo todo para la gloria de Dios».[5]

Vivimos en un tiempo de superposición entre dos eras, lo que un teólogo llamó «el tiempo entre los tiempos».[6] Como tantas personas están ciegas a la gloria de Dios, nosotros, como pueblo suyo, debemos vivir de tal manera que otros empiecen a percibir su presencia y su belleza. Pero fíjate en los ejemplos de Pablo: Ya sea que coman o beban… ¿qué podría ser más ordinario y rutinario que comer y beber? Y después añade «o hagan cualquier otra cosa». ¡Vaya! Sea lo que sea que hagamos —todo—, incluso lo más rutinario e insignificante de nuestra vida, debe ser «para la gloria de Dios».

Entonces, la pregunta es: ¿cómo glorificamos a Dios con toda nuestra vida, no solo con lo que es claramente «espiritual»? ¿Cómo lo hacemos con absolutamente todo, hasta comer y beber?

Para algunos, la respuesta parece fácil. Si eres pastor, «misionero»,[7] padre o madre, artista, o trabajas en una organización cristiana sin fines de lucro —en un lugar donde se puede hablar abiertamente de Jesús—, entonces está claro.

Pero, ¿qué pasa si eres asistente ejecutivo en un bufete de abogados? ¿O mecánico en la concesionaria Toyota de tu barrio? ¿O congresista en la Cámara de Representantes? ¿O cobrador en una caseta de peaje? ¿O corredor de seguros? ¿Cómo glorificas a Dios con el trabajo de tu vida?

Mi cuñado, Stephen Kenn, es diseñador. Él y mi hermana viven en el centro de Los Ángeles, en un loft; no es un falso loft de un millón de dólares, recién construido con vidrio y acero en una zona nueva de la ciudad. Es un verdadero loft, en un antiguo almacén, con una puerta de garaje como entrada, suelo de hormigón, una sola ventana con rejas, algunas mujeres con faldas extremadamente cortas en la esquina de la calle y, por cierto, tienes que ser un «artista a tiempo completo» para alquilar un espacio allí.

Steve hace cosas realmente buenas. Durante años tuvo una compañía de jeans y ahora se dedica al diseño de muebles y bolsos. De primer nivel, todo de cuero, muy estilizados, y todos fabricados dentro de un radio de dos millas en Los Ángeles.[8] Steve también ama a Jesús. Mucho. Es uno de los hombres más parecidos a Jesús que conozco.

La pregunta con la que Steve tiene que lidiar —y con la que todos debemos batallar a nuestra manera— es: «¿cómo glorifica él a Dios con bolsos?».

¿Graba el nombre de Jesús en el cuero? ¿Diseña la correa en forma de cruz? ¿Cose Juan 3:16 en el forro? ¿O mete un ejemplar de bolsillo del evangelio de Marcos en el compartimento interior?

O…

¿simplemente hace un bolso real, realmente bueno?

¿Cómo glorificamos a Dios con nuestro trabajo cuando este no es claramente cristiano?

Bueno, aquí va mi opinión: somos la imagen de Dios, ¿recuerdas? Nuestro trabajo es hacer visible al Dios invisible, reflejar y mostrar al mundo cómo es él. Podemos glorificar a Dios realizando nuestro trabajo de tal manera que, a través de lo que hacemos y de cómo lo hacemos, el Dios invisible se vuelva visible.

Veamos cada aspecto por separado.

Primero, por lo que hacemos…

El escritor anglicano John Stott afirmó que el tipo de trabajo al que estamos llamados es: «El gasto de energía (manual o mental, o ambos) al servicio de otros, que trae plenitud al trabajador, beneficio a la comunidad y gloria a Dios».[9]

La mayoría de nosotros entendemos la primera parte de esa definición: «plenitud al trabajador». Idealmente, tu trabajo debería ser una vocación, un llamado, algo para lo que sientas que Dios te creó y que te encanta. Y muchos también entendemos la segunda parte: «beneficio para la comunidad» debería contribuir a que el mundo se parezca más a un jardín. ¿Cómo hacemos eso?

Bueno, si la gloria de Dios es su presencia y su belleza, en mi opinión, le glorificamos dando forma a las materias primas del mundo de tal manera que, para los que tienen ojos para ver, la presencia y la belleza de Dios se hagan visibles.

Cuando contemplamos una obra de arte, vemos más allá del arte y alcanzamos un atisbo de cómo es el artista.

Cuando escuchamos una pieza musical, oímos más allá de la música y nos formamos una leve idea de cómo es el compositor.

De la misma manera, cuando vemos la creación, miramos *más allá* de ella y obtenemos la imagen de cómo es el Creador.

En Romanos leemos: «Desde la creación del mundo, las cualidades invisibles de Dios, es decir, su eterno poder y su naturaleza divina, se perciben claramente a través de lo que él creó, de modo que nadie tiene excusa».[10]

Los teólogos lo denominan revelación general. Es la idea de que todos, en todas partes, tienen al menos algún tipo de revelación sobre quién es Dios y cómo es Él, simplemente por vivir en su mundo. Romanos no hace más que retomar la poesía hebrea que ya leímos: «Los cielos cuentan la gloria de Dios».[11]

¿Cómo habla una estrella de la gloria de Dios? Es un objeto inanimado. No emite sonidos, mucho menos un lenguaje. Entonces, ¿cómo habla?

Siendo una estrella.

¿Cómo habla un árbol de la gloria de Dios?

Siendo un árbol.

¿Cómo habla un león?

Rugiendo fuerte.

¿Cómo habla una flor?

Desplegando sus colores cada primavera.

Cuando vemos el mundo como Dios lo pensó, como se supone que debe ser, Dios recibe gloria sin necesidad de palabras.

Piensa en mi amanecer de esta mañana. Algunas personas contemplan un amanecer y, tristemente, solo ven belleza. Sin Dios, sin asombro, sin misterio, sin esa hambre o sed profunda en el interior.

Otros miran un amanecer y, aunque nunca hayan oído el nombre de Jesús, ven más allá de los rayos naranjas y amarillos en el cielo, la belleza detrás de la belleza, y despiertan a la adoración simplemente con levantarse de la cama y mirar por la ventana.

Este es el ingenio de Dios: la forma en que hizo el mundo.

Y como seres creados a su imagen, podemos unirnos a Él en esta obra creativa continua. Como socios suyos, podemos dar forma a las materias primas de su mundo de tal manera que las personas vean la belleza detrás de la belleza.

No podemos hacer un amanecer, pero sí podemos pintar un cuadro o tomar una fotografía.

No podemos crear un árbol, pero sí podemos fabricar un aparador.

No podemos hacer el mundo, pero sí podemos rehacerlo en un *macchiato*, un edificio, una aplicación, un vestido, un libro, una comida, una escuela, una cura, una canción, una empresa, o en diez mil cosas más, de manera que, para quienes tienen ojos para ver, la presencia y la belleza del Dios invisible no solo sean visibles, sino también deslumbrantes e ineludibles.

Esto significa que necesitamos aprender a valorar la belleza por la belleza misma. Quizá incluso por amor a Dios.

Nada en la creación sugiere que Dios sea un tacaño, un utilitarista, un pragmático que solo cuenta frijoles. Dios es un artista generoso, opulento, extravagante. Y la creación es la exhibición de su belleza.

En Génesis 2 leemos: «Dios el Señor hizo que creciera toda clase de árboles atractivos a la vista y buenos para comer».[12] Los rabinos se detienen en este versículo porque el orden es muy importante en la narrativa hebrea: es la manera de mostrar qué es lo que realmente importa. Y lo primero que leemos es que los árboles son «agradables a la vista» y, después, leemos que son «buenos para comer». Esto es revelador.

Quizá por esto, históricamente, algunos de los mayores artistas del mundo han sido seguidores de Jesús. Tenían una visión tan poderosa de Dios que se vieron impulsados a dar nueva forma al mundo para ayudar a otros a ver quién y cómo es Él. De hecho, la primera vez que encontramos la frase «lleno del Espíritu de Dios» es en el libro del Éxodo...

«Toma en cuenta que he escogido a Bezalel, hijo de Uri... y lo he llenado del Espíritu de Dios, de sabiduría, inteligencia y capacidad creativa para hacer trabajos artísticos en oro, plata y bronce, para cortar y engastar piedras preciosas, para hacer tallados en madera y realizar toda clase de artesanías».[13]

Así que la primera persona en ser «llena del Espíritu de Dios» no es un profeta ni un sacerdote ni un rey, sino un artista. ¿Y qué estaba haciendo el Espíritu de Dios en él? Le estaba dando sabiduría, inteligencia y conocimiento, y toda clase de habilidades para hacer arte.

El teólogo Ben Witherington III (qué genial sería llevar un III al final de tu nombre, ¿verdad?) lo expresa así:

«A veces los cristianos, en especial los frugales, piensan que crear obras de arte elaboradas y hermosas, que cuestan mucho dinero, es en sí mismo un desperdicio o, al menos, una mala administración de los recursos, por no decir un pecado. Lo que esta historia sugiere es exactamente lo contrario».[14]

A veces, en nuestra cruzada contra la injusticia, la codicia y el desperdicio, y en nuestra pasión por administrar la riqueza de Occidente del modo adecuado para el reino de Dios, resulta fácil reaccionar de manera exagerada y devaluar las cosas que Dios mismo valora, como el arte y la belleza. Pero eso es un problema, porque adoramos a un Dios artista.

Como personas hechas a su imagen, todo trabajo es artístico. Todo trabajo es inherentemente creativo. Todo trabajo —desde pintar hasta criar hijos— consiste en dar forma a las materias primas del planeta Tierra de tal manera que sea como Dios pretendió que fuera, como se supone que debe ser, todo para que los seres humanos puedan florecer al contemplar la gloria de Dios.

A lo que quiero llegar es a esto: el trabajo de algunas personas glorifica a Dios de manera directa: escribir un libro sobre Dios, predicar un sermón sobre Dios, cantar una canción sobre Dios, criar a tus hijos para que amen a Dios, y cosas por el estilo. Pero el trabajo de la mayoría de las personas glorifica a Dios de manera indirecta, y eso está bien.

Mi intención aquí no es «suavizar todo el discurso sobre Jesús». No. Jesús debería estar siempre en la punta de nuestra lengua. Y glorificar a Dios no es lo mismo que hacer discípulos. Recuerda, estamos llamados a hacer ambas cosas. Mi punto es que lo que haces puede hacerse para el *kavod* de Dios.

Pero no se trata solo de lo que haces.

Algunos de nosotros no tenemos mucho control sobre lo que hacemos. Aceptamos un trabajo y luego hacemos exactamente lo que el jefe nos dice. Te encantaría crear algo bello, sostenible, bueno para la tierra, que regrese a la economía local y que haga algo frente a la pobreza, el analfabetismo o la malaria en Nigeria... Pero esas decisiones se toman a millones de millas por encima de ti en la escala corporativa. Tú te sientas en tu cubículo o en tu mostrador cinco días a la semana y haces exactamente lo que te dicen. ¿Cómo glorificas a Dios entonces?

En cómo trabajas.

Somos la imagen de Dios, ¿cierto? Así que nuestra tarea consiste en reflejar y mostrar cómo es Dios a aquellos que nos rodean. Enseñar al mundo lo que Él es. ¿Cómo es esto en la práctica? Bueno, aquí van algunas ideas...

Dios trabaja duro, así que nosotros deberíamos esforzarnos.

Dios está lleno de gozo, es entusiasta y proactivo, de modo que nosotros deberíamos ser alegres, llegar diez minutos antes a nuestro turno y ofrecer ayuda cuando haya que hacer algo difícil.

Dios es honesto y veraz, así que nosotros deberíamos ser íntegros, incluso cuando eso signifique menos dinero o no ascender.

Porque fuimos creados a imagen de Dios. Estamos aquí para hacer visible al Dios invisible. Tú eres el sacerdote de tu oficina, de tu salón de clases, de tu hogar o de tu lugar de trabajo. Eres el representante de Dios.

Gran parte de esto se reduce a la actitud. Piensa en lo pésimas que suelen ser las actitudes en el trabajo. La gente se queja, refunfuña, critica, chismea, calumnia y arrastra los pies como loca. ¿Qué pasaría si el pueblo de Dios nadara contra la corriente y destacara tanto como yo en la casa de mis suegros, cada Día de Acción de Gracias, el tipo que mide seis pies dos pulgadas y que parece sueco en una casa llena de cubanos bajitos?

Uno de los líderes de nuestra iglesia trabaja en una empresa de intermediación laboral. Hace un tiempo me envió un correo contándome que, siempre que puede, contrata a personas de nuestra iglesia. Su jefe —que desde luego no es seguidor de Jesús— acababa de entrar a su oficina para pedirle que contratara a la mayor cantidad posible de gente de «esa iglesia a la que vas», porque son los mejores empleados que hay.

Ese es el sueño, ¿verdad?

En cierto modo, no hay diferencia entre un barista seguidor de Jesús y otro que no lo es. Ambos preparan exactamente lo mismo: un café realmente bueno. Pero, por otra parte, un barista que sigue a Jesús debería hacerlo con un amor, una humildad y un gozo tan contagiosos que hagan que quienes lo rodean se pregunten por qué.

Pienso en esa frase de la carta de Pablo a la iglesia en Tesalónica: «Procuren llevar una vida tranquila, ocuparse de sus propios asuntos y trabajar con sus manos, tal como les hemos ordenado, para que su vida diaria se gane el respeto de los que no son creyentes».[15]

Así que, cuando vivimos bien —cuando trabajamos y descansamos—, de un modo tranquilo, diligente y productivo, sin quejarnos, ni hablar de más, ni perder el tiempo, ni revisar las redes sociales en horas de trabajo, entonces «nos ganamos el respeto de los de afuera».

Dicho de otro modo: la gente ve la presencia y la belleza de Dios en nuestra forma de vivir.

O, expresado de otra forma, glorificamos a Dios.

Hay otro pasaje en 2 Corintios donde esta idea de la imagen se vincula con la gloria de Dios. Pablo escribe: «Y todos nosotros, que con el rostro descubierto contemplamos la gloria del Señor, estamos siendo transformados a su imagen con más y más gloria, la cual procede del Señor, que es el Espíritu».[16]

Así que, al «contemplar la gloria del Señor» —cuando miramos de cerca su presencia y su belleza, llámalo adoración, o llámalo levantarse temprano para ver el amanecer—, somos transformados a su imagen.

¡Un momento! ¿Acaso no somos ya la imagen de Dios? Sí, lo somos, pero en este punto del libro todavía estamos en Génesis 1 y 2. Aún falta hablar de Génesis 3. Sin adelantarme demasiado, y en aras de resumir: después de la rebelión humana, todo cambió. Seguimos llevando la imagen de Dios, pero de algún modo se deformó y se torció. Sigue ahí, en cada ser humano sobre la tierra, pero en algunos es irreconocible. La buena noticia es que, a medida que Jesús y el Espíritu realizan su obra de sanidad y salvación, somos transformados de nuevo a la imagen del Dios que nos creó. Y esa imagen, según Pablo, *es* la gloria. Son sinónimos.

Cuanto más nos parecemos a Jesús y cuanto más reflejamos la imagen de Dios, más puede ver la gente su gloria.

El padre de la iglesia primitiva, Ireneo, afirmó: «La gloria de Dios es el ser humano plenamente vivo».[17]

Del mismo modo que un árbol glorifica a Dios siendo simplemente un árbol, nosotros podemos glorificar a Dios siendo tan solo buenos seres humanos.

Y el mundo necesita más seres humanos realmente buenos.

Ahora, para rematar…

¿Alguien a quien le guste la música clásica?

A mí me gusta… más o menos. Siento por la música clásica lo mismo que por el ajedrez. Me encanta —en ráfagas breves y esporádicas—, pero no tan a menudo. Me gusta la idea de la música clásica, como me gusta la idea del ajedrez; me hace sentir como si hubiera nacido en una familia adinerada de Nueva York y me hubiera educado en Yale. Pero, tristemente, nací en una familia sin dinero de California y crecí con los Beatles, así que es un poco falso.

En fin, volvamos a la música clásica. En realidad, quiero compartir algo.

Uno de mis compositores favoritos es también el favorito de casi todos: Johann Sebastian Bach. El hombre era un prodigio. A lo largo de su vida compuso más de mil piezas.[18]

Que sepamos.

¿Sabías que firmaba su música con dos juegos de iniciales, las suyas propias seguidas de tres letras más: S.D.G.? Es la abreviatura de la frase latina *soli Deo gloria*, o «solo a Dios sea la gloria».

Esta es la cuestión: la mayor parte de la música de Bach no tenía letra. Era simplemente buena música. Pero cuando te recuestas y la escuchas, te produce algo por dentro.

Es como si hubieras estado dormido toda tu vida sin darte cuenta y de pronto despiertas y estás vivo. Y esa parte profunda de ti —la que anhela a Dios— nace, y empiezas a sentir que hay algo más. Y sea lo que sea, o quien sea, lo quieres.

Eso es lo que hace la gloria. En un instante estás en el atrio del templo, o en una sinfonía, o pasando junto al aparador de tu salón, o sentado a comer junto al carrito de comida de tu barrio, y al siguiente te encuentras sumergido en el *kavod*...

Ahora bien, soy muy consciente de que la mayoría de nosotros no somos Bach. No escribiremos un concierto ni veremos nuestro nombre en Wikipedia. Pero todos reflejamos a Dios a nuestra propia y pequeña manera.

¿Qué pasaría si nuestra vida —cada aspecto de ella, desde lo que hacemos en el trabajo y en el descanso hasta nuestra forma de hacerlo— fuera *soli Deo gloria*?

Eso sí que sería extraordinario.

Kazam! Machine

Así que empezamos a tener una idea más clara de lo que significa ser humano. Ojalá que, página tras página, la imagen vaya enfocándose mejor. Somos portadores de la imagen de Dios, creados para reinar, para asociarnos con Él en el avance del proyecto de la creación: trabajarlo, sacar a la luz el potencial de la tierra y liberarlo para el florecimiento humano; colaborar con Dios en la construcción de una civilización en la que su pueblo pueda prosperar en su presencia. Y en esta agenda cósmica, cada uno de nosotros tiene una vocación, un llamado de Dios, una manera en la que Él nos diseñó: para ser alguien *y* hacer algo, porque ambas dimensiones se unen en perfecta simetría.

Pero si vamos a hacer todo esto para el *kavod* de Dios, eso significa que tendremos que llegar a ser realmente buenos en lo que sea que hagamos.

Buenos,

buenos,

de verdad.

Si somos maestros, tendremos que enseñar nuestra materia de manera increíble.

Si somos ingenieros de software, tendremos que idear algo ingenioso que haga del mundo un lugar mejor.

Si somos madres a tiempo completo, tendremos que formar hijos que conozcan y sigan a Jesús y, como resultado, desarrollen plenamente todo su potencial.

Como dice mi esposa todo el tiempo: necesitamos ser la mejor versión de nosotros mismos.

Pero esto no es fácil. En la era de los teléfonos inteligentes, la Wi-Fi, la globalización, los viajes y la multitarea sin descanso, nuestra cultura está fragmentada y tironeada en mil direcciones distintas.

Nosotros mismos estamos fragmentados y somos tironeados en mil direcciones distintas.

El TDAH, el estrés, la adicción al trabajo, el agotamiento, la hiperconectividad... son solo palabras que inventamos para describir un mundo que se deshilacha por las costuras.

Hay un dicho que detesto; quizá lo hayas oído: «Aprendiz de todo, maestro de nada».

Es lo que dice todo hombre cuando arregla algo en casa: «Ya sabes cómo soy, aprendiz de todo, maestro de nada. Ja, ja, ja».

Sinceramente, no me parece divertido. Me resulta muy cercano. Somos demasiados los que, en realidad, no somos buenos en nada en particular.

¿Sabías que esa frase es, en realidad, una mala cita? El dicho original se remonta al mismísimo señor de los billetes de cien dólares: Benjamín Franklin.[1] Lo que él dijo fue que toda persona debería ser «aprendiz de todo, maestro de una sola cosa». Estaba diciendo exactamente lo contrario. Afirmaba que cada uno de nosotros debería volverse increíblemente bueno en una sola cosa. Claro, sé versátil, aprende un poco de todo, prueba si quieres, está bien. Siempre y cuando seas maestro/artesano/especialista/experto/erudito/autoridad/cinturón negro/maestro de una cosa.

Creo que tenía razón.

Ahora bien, esa única cosa puede ser algo muy específico, como la carpintería, la educación infantil temprana, la egiptología (sí, eso existe), enseñar la Biblia o preparar falafel.

O puede ser algo mucho más amplio, como las ventas, la gestión o la atención al cliente. De cualquier modo, está bien.

Pero hay algo especial en un hombre, o una mujer, realmente bueno en lo que hace.

Cuando observo a mi esposa, Tammy, con nuestros tres hijos… es increíble.

Cuando veo a mi colega Ryan, diseñador gráfico, desarrollar una nueva marca…

Cuando veo a mi compañero Gerald, pastor en nuestra iglesia, liderar a la gente…

El otro día estuve en San Francisco. Cada vez que voy, paso por una tienda de ropa masculina donde hacen camisas a medida a muy buen precio. Mi cuerpo es raro. Sinceramente, nada de lo que venden «de fábrica» me queda bien. Mi torso es mediano, mis brazos XXL y mi cuello XS, diminuto. Además, mis hombros están torcidos y un brazo es más largo que el otro. Como me indicó un sastre: «Tu cuerpo está hecho un desastre». Gracias, hombre. Así que cuando descubrí esta tienda de ropa masculina fue como encontrar oro. La última vez que estuve allí pedí una camisa nueva. Elegir materiales y tomarte las medidas lleva un tiempo, así que terminas conversando con el sastre. Este hombre, Ryan, era fascinante.[2] Se había mudado desde Nashville para dedicarse a «hacer trajes». Ni siquiera sabía que eso fuera una profesión. Su pasión son los trajes. Él piensa que los hombres malgastan dinero, tiempo y materiales comprando docenas de trajes baratos y de mala calidad a lo largo de su vida, cuando en realidad solo necesitan uno o dos trajes de calidad, bien confeccionados y a la medida. Ahora trabaja en esa tienda, pero su sueño es dedicarse a hacer trajes a tiempo completo.

Cada vez que me encuentro con alguien así, hay algo en esa persona que, a un nivel subliminal, transmite: Así se ve a una persona hecha a imagen de Dios. Y para quienes tienen ojos para ver, creo que eso glorifica a Dios.

Esto mismo lo vemos en Jesús de Nazaret. La mayoría de nosotros no pensamos en Jesús de esta manera: como trabajador realmente bueno en su oficio. Pero lo era. Tenía un oficio.

Recuerda que, antes de ser un rabino reconocido, fue un *tekton*, que trabajó en el anonimato durante tres décadas. Trabajando duro seis días a la semana, descansando luego en el sábado como acto de adoración, y volviendo a empezar.

Si Jesús viniera hoy, podría haber sido ingeniero de software, profesor de teatro en secundaria, escritor de novelas gráficas mecánico de diésel o periodista en *The New York Times*. En otras palabras, podría perfectamente hacer lo que tú haces. Podría vivir en tu casa o en tu apartamento, tener tu trabajo, tu educación y tus habilidades, y nada de eso le impediría vivir una vida 24/7 en el reino de Dios.[3]

De hecho, ser discípulo de Jesús se resume en una sola pregunta: si Jesús fuera yo, si viviera en mi ciudad, tuviera mi trabajo, mi educación, mi salario, mi familia... ¿cómo viviría?

Esa es la pregunta.

Para los seguidores de Jesús, la vida no es más que la búsqueda de una buena respuesta.

El discipulado consiste en aprender a ser un buen ser humano. Y en cómo vivir ambos llamados: hacer discípulos y crear cultura.

En mi iglesia tenemos grupos de recién casados porque realmente creemos que el matrimonio importa, y que si vamos a seguir a Jesús, necesitamos ser buenos esposos.

Pero, ¿por qué no tenemos grupos de «nuevos contables contratados», «nuevos banqueros de inversión contratados» o «nuevos bomberos (o bomberas) contratados»? Después de todo, si de verdad creemos que lo que hacemos importa, y si vamos a seguir a Jesús, necesitamos ser buenos contables, buenos banqueros de inversión y buenos bomberos.

¿Ves tu trabajo como una parte esencial de tu discipulado a Jesús y como la manera principal de unirte a Él en su obra de renovación?

Si no lo haces, deberías.

Aprender a convertirte en una muy buena mamá o papá para tus hijos y un muy buen discípulo de Jesús *es exactamente lo mismo*.

Aprender a ser un muy buen guionista en Hollywood y un muy buen discípulo de Jesús *es exactamente lo mismo*.

Aprender a ser un muy buen empleado en una empresa de mantenimiento de jardines y un muy buen discípulo de Jesús *es exactamente lo mismo*.

¿Captas la idea?

Sí, Jesús fue el modelo de lo que significa la divinidad. Si quieres saber cómo es Dios, mira a Jesús de Nazaret. Pero el misterio de la encarnación es que también era el modelo de lo que significa la verdadera humanidad. Él es el Hijo de Dios y el «hijo de Adán». Si quieres saber cuál es el aspecto en carne y hueso de un ser humano plenamente despierto y vivo, que gobierna el mundo como un canal del amor del Creador, mira a Jesús.

Tomémonos unos minutos para reflexionar sobre su vida y su obra, porque creo que eso podría redefinir cómo pensamos sobre nuestra propia vida y nuestro trabajo...

Uno de los primeros relatos que leemos sobre Jesús en los evangelios es su bautismo. Es ese momento definitorio y revelador en el que se sumerge en las aguas del Jordán y luego sale en los brazos de Juan el Bautista, y entonces el cielo mismo se rasga y la voz audible de Dios declara: «Tú eres mi Hijo amado; en ti me complazco».[4]

Ahora bien, «Hijo de Dios» no era solo una forma de decir que Jesús tenía una relación especial con el Padre —aunque no hay duda de que eso es cierto—. En las Escrituras hebreas, «Hijo de Dios» era un nombre para Israel y, más adelante, para el Mesías, el representante de Israel, una figura real en el horizonte que llevaría la historia de Israel a su clímax e inauguraría el reino de Dios.[5]

Así que el bautismo de Jesús es el punto de inflexión en su vida, donde recibe una claridad impresionante sobre quién es y cuál es su llamado. No cabe duda de que durante años, mientras crecía en Nazaret, ya sabía algo al respecto, pero este es *el* momento que inaugura su misión de vida.

Y Jesús, recién armado con una vocación, con un llamado de parte de Dios, sale a «anunciar las buenas noticias de Dios. "Se ha cumplido el tiempo", decía. "El reino de Dios está cerca"».[6]

En cuestión de días, se corre la voz de que hay un rabino llamado Jesús que está predicando cosas radicales, provocadoras, peligrosas y emocionantes, además de sanar enfermos, expulsar demonios, enfrentarse a la élite religiosa y, según algunos, incluso resucitar muertos. De hecho, algunos piensan que es más que un rabino, que es un profeta, o incluso más: el Mesías. Y otros sospechan que podría ser todavía más que eso…

Al segundo día de su ministerio, Jesús sale temprano a orar. Sus discípulos lo encuentran unas horas después y le dicen: «Todos te están buscando». *Vanity Fair* está llamando; quieren hacer un reportaje. Anderson Cooper espera afuera. El *Times* mandó un correo sobre un artículo de opinión.

Uno esperaría que Jesús dijera: «Hagámoslo». Pero en cambio responde: «Vámonos de aquí a otras aldeas cercanas donde también pueda predicar; para esto he venido».[7]

Ese es el *no* de Jesús.

¿Por qué habría de rechazar una oportunidad tan increíble? Porque sabía cuál era su llamado. Y eso significa que también sabía *lo que* no estaba llamado a hacer. No había sido enviado solo a Capernaum. Había sido enviado a Galilea como región, y más tarde a todo Israel. Y así, «recorría toda Galilea, predicando en las sinagogas y expulsando demonios».[8] Mientras recorre el norte de Israel haciendo su obra, el escritor Marcos usa una palabra una y otra vez para describir la reacción de la gente ante Jesús: *ekplesso.* Se traduce como *asombrados*, *maravillados* o *sobrecogidos*.[9] La gente quedaba impactada por la habilidad de Jesús. Como dijo un observador: «Todo lo ha hecho bien».[10]

Unos tres años después de comenzar su ministerio, Jesús «afirmó su rostro para ir a Jerusalén».[11] La imagen es la de alguien que aprieta la mandíbula y avanza con determinación, sin mirar ni a la derecha ni a la izquierda. Su meta es la ciudad capital y, más allá de ella, su muerte y resurrección. Ese es el punto culminante de su «carrera». Y cuando finalmente llega allí, después de tres años de preparación, ora a su Padre con una oración profundamente reveladora:

«Yo te he glorificado en la tierra y he llevado a cabo la obra que me encomendaste».[12]

En una versión de la historia de Jesús, sus últimas palabras son: «Consumado es».[13]

¿Cómo pudo Jesús decir eso? ¡Quedaba tanto por hacer! El mundo seguía hecho un desastre. Un agujero negro de necesidad. Sus discípulos estaban escondidos. La iglesia en Jerusalén contaba con unas 120 personas en un buen día. El Nuevo Testamento ni siquiera estaba escrito todavía. La élite religiosa le era hostil. Se le consideraba enemigo del Estado. La injusticia campaba por todas partes. Y aun así él afirma: Se acabó.

Podemos aprender mucho de Jesús respecto al trabajo.

Sorprendente, lo sé.

A continuación, unas observaciones. Primero, Jesús trabajaba con un nivel asombroso de enfoque.

La necesidad de esto hoy es mayor que nunca. Vivimos en lo que un pensador denomina el *iMundo*,[14] la era de los iPhones, las redes sociales, internet al alcance de la mano, autopistas de diez carriles, VISA, FedEx y ese demonio desagradable llamado microondas. Y por eso nos sentimos siempre tironeados en un millón de direcciones. Y terminamos estresados, cansados, atrasados, tensos, desgastados, medicados y adictos a la cafeína.

Estamos intentando hacer demasiado.

Para enfocarnos, necesitamos saber qué es lo que Dios nos ha llamado a hacer, *y* qué no nos ha llamado a hacer.

Quiénes *somos*,

y quiénes *no somos*.

Me encanta esa historia en el evangelio de Juan, cuando Juan el Bautista —que también era realmente bueno en lo que hacía— estaba respondiendo preguntas de los líderes religiosos escépticos de Jerusalén. Claramente, la mano de Dios estaba sobre este joven profeta, pero nadie lograba ubicarlo en una categoría.

«¿Quién eres tú? ¿Acaso eres Elías?».

«No lo soy».

«¿Eres el profeta?» (otro nombre para el Mesías).

«No lo soy».

Finalmente dijeron: «Entonces, ¿quién eres? Tenemos que llevar una respuesta».

Y él comenzó a citar a otro profeta, a Isaías: «Yo soy la voz de uno que grita en el desierto: "Enderecen el camino para el Señor"».[15]

Fíjate que Juan empieza diciendo quién no es. Es igual de importante saber quién no eres y a qué no has sido llamado, como saber quién eres y a qué has sido llamado. Porque mientras más claros sean tu identidad y tu llamado, más podrás enfocarte en lo que Dios diseñó que hicieras cuando te creó.

Empiezas diciendo sí al llamado de Dios en tu vida, y luego dices no a todo lo demás.

Mi conclusión es esta: sé tú mismo. El tú real, verdadero. El que Dios mismo creó. No intentes ser otra persona.

Todos venimos a este mundo con un fin en mente, con un destino, con un llamado. Pero muy a menudo ese llamado es secuestrado por nuestro miedo o nuestra inseguridad. O lo destrozan nuestra crianza, un padre abusivo o un amigo cruel en la secundaria. O nace muerto porque la economía se desploma. O queda arrinconado por nuestra envidia, deseando ser alguien más.

La mayoría de nosotros pasamos años de nuestra corta y efímera vida tratando de ser alguien que no somos. Intentando parecernos a nuestro mentor, a nuestro héroe, a un ideal al que aspiramos, a la persona que nuestros padres quieren que seamos, o que nuestra generación espera que seamos, o lo que nuestros amigos piensan que es *cool*, y al final giramos en círculos, fuera de control, hasta terminar colgando al límite de nuestra resistencia.

Hay un antiguo dicho rabínico que vale la pena citar aquí. Cuando ya era anciano, el legendario Rabí Zusya afirmó: «En el mundo venidero no me preguntarán: "¿Por qué no fuiste Moisés?". Me preguntarán: "¿Por qué no fuiste Zusya?"».[16]

Nuestro trabajo no consiste en encajar en un molde o demostrar algo al mundo, sino descubrir quién quiso Dios que fuéramos, y luego salir a vivirlo.

Por lo general, el llamado de Dios es una breve lista, solo unas cuantas cosas. En mi caso, estoy llamado a liderar mi iglesia, a enseñar las Escrituras y a llevar a mi familia conmigo en el camino. A eso es a lo que digo sí, lo que significa que tengo que decir no todo el tiempo.

Soy pastor, y mi trabajo viene cargado de muchas expectativas. La gente quiere que lidere la iglesia, dé visión, tenga algo de calidad estilo TED Talk para hablar durante cuarenta minutos cada domingo, me reúna con cincuenta personas a la semana para tomar café, mantenga al equipo saludable, guíe a trescientas personas como mentor, lea la Biblia en griego y hebreo todas las mañanas, pase por mil libros al año, aparezca en redes sociales varias veces al día, escriba un blog, publique un libro de vez en cuando, tenga un matrimonio y una familia perfectos, me involucre a fondo en causas de justicia en mi vecindario… Ah, y que además me mantenga saludable.

Ahora bien, todo eso suena genial. Superpastor sería buenísimo en ese trabajo. Pero yo no soy superpastor. Soy John Mark. Y obviamente no puedo hacer todo eso en una sola vida.

Así que estoy diciendo no constantemente.

—John Mark, deberías acompañar a este recién graduado como mentor.

—No.

—¿Por qué no?

—Ya acompaño a tres muchachos, y es todo el tiempo que tengo.

—¡Pero él es increíble!

—Lo siento.

—John Mark, deberías iniciar este nuevo ministerio.

—Es una gran idea, pero no es «la obra que el Padre me encomendó».

—Oye, fulano está en la ciudad y quiere salir esta noche, podría conseguirte más seguidores en Twitter.

—Me encantaría, pero estoy llamado a ser padre de mis tres hijos, y esta noche vamos a construir una fortaleza en el salón.

Tomando prestado el lenguaje de Jesús, tienes que descubrir cuál es «la obra que el Padre te encargó que hicieras».

Y luego aprender el arte de decir no. Incluso a cosas buenas. Un hombre sabio dijo una vez: «Lo bueno es el enemigo de lo mejor».[17]

Algunos de nosotros terminamos haciendo muchas cosas buenas, pero nunca llegamos a hacer lo mejor. Porque cuando caes en la tiranía de lo urgente (qué gran frase, por cierto), pospones lo que realmente importa. Cuando dices sí a todo, en realidad no dices sí a nada. La obra que el Padre te dio queda en último plano, en el fondo de la lista de tareas. Y esto es una tragedia, porque estás privando al mundo de la contribución que tanto necesita de ti.

¿Puedo darte permiso para decir no?

¿Tengo esa autoridad?

Supongo que no, pero qué importa, te la doy de todos modos. Esta semana que viene tienes libertad para decir no. Te envío con esa misión. Cuando te ofrezcan una oportunidad increíble para la que no tienes tiempo, di no. Cuando planifiques tu semana, di no. Cuando te sientes en enero a mapear el año que comienza, di no. Y di no incluso a cosas buenas. Tienes que ser implacable. No porque seas un egoísta que no se preocupa por nadie, sino porque sabes quién eres y tienes que cumplir la obra del Padre.

Así que, esa es mi primera lección de la vida de Jesús: un nivel impresionante de enfoque. La otra observación es la alta calidad de la obra de Jesús. No era descuidada ni mediocre. Estaba realmente bien hecha.

Me encanta esa frase: «Todo lo ha hecho bien». Cuando descubres a qué estás llamado y dices no a todo lo demás, quedas libre para hacer esa única cosa con excelencia.
Y eso, a su vez, abre puertas para hacer aún más de aquello que haces tan bien.

Hay una línea en la literatura sapiencial hebrea que me encanta...

«¿Has visto a alguien diestro en su trabajo? Estará al servicio de los reyes; no servirá a gente de baja condición».[18]

Cuando eres bueno en lo que haces, terminas delante de reyes.

No debería sorprendernos que la obra de Jesús fuera sobresaliente. Al fin y al cabo, él es la encarnación del Dios Creador. Mira a tu alrededor: la creación es increíble. Dios no hace nada barato, de baja calidad ni a medio terminar. No es perezoso. No fabrica basura. Él valora la excelencia, el arte, la calidad de los materiales y el diseño. Y no es porque sea un perfeccionista —aunque supongo que él es perfección—, sino porque es amor. Toda la excelencia de la creación es un acto de amor generoso, creativo y desinteresado hacia el mundo.

Un amor genuino y auténtico por la excelencia no nace de la avaricia, del narcisismo o del materialismo —eso es dualismo—. Está enraizado en el amor: amor a Dios y amor al prójimo. Un deseo de servir bien a Dios y a su mundo.

¿Alguna vez has estado en una catedral europea? ¿En una de las realmente grandes? ¿Notre Dame de París? ¿La Abadía de Westminster en Londres? Algunas tardaron generaciones en construirse. Y si las miras de cerca, notas que cada rincón y cada detalle están cubiertos de un trabajo rico y ornamentado. Incluso el techo. Incluso las partes de la catedral que nadie puede ver. ¿Por qué? Si fueras un artesano hace mil años, ¿por qué pondrías todo ese esfuerzo y energía en algo que nadie jamás vería?

Quizá porque Dios sí lo vería.

Quizá porque incluso lo valoraría.

Dorothy Sayers, aquella escritora británica audaz y rebelde de hace medio siglo, dijo que la mejor manera de servir a los demás con nuestro trabajo es «servir al trabajo». Lo que quería decir es que la mejor forma de amar y servir a otros con nuestro oficio es simplemente ser muy buenos en él. Si eres piloto, la mejor manera de servir a tus pasajeros es ser un piloto excelente. Si eres chef, la mejor manera de servir a tus clientes es preparar comida excelente. Si eres neurocirujano, la mejor manera de servir a tus pacientes es ser un médico excelente.

Sayers también dijo: «El enfoque de la iglesia hacia un carpintero inteligente suele limitarse a exhortarlo a no emborracharse ni comportarse mal en su tiempo libre, y a que asista a la iglesia los domingos. Lo que la iglesia debería decirle es esto: que la primera exigencia que su fe le hace es que construya buenas mesas».[19]

Eso es dinero.

Ahora bien, esto no significa que tengas que ser el mejor. En la era de la globalización, la competencia es feroz, cruel y despiadada. Y gracias a las redes sociales, ninguno de nosotros se siente ni remotamente tan genial como los demás parecen ser. La verdad es que siempre habrá alguien más inteligente que tú, más talentoso que tú y, sencillamente, mejor que tú.

Lo siento, sé que no es muy inspirador, pero sabes que tengo razón.

El apóstol Pablo lo expresó así: «Tenemos diferentes dones, según la gracia que se nos ha dado».[20]

Así que todos tenemos dones, pero no todos tenemos la misma medida de gracia. Algunos tenemos más; otros, menos.

Y está bien.

Tu tarea no consiste en ser el mejor en tu campo, sino la mejor versión de ti mismo.

Mi mentor en la enseñanza es un hombre llamado Mike.[21] Me tomó bajo su ala cuando yo tenía unos veinticinco años, y he aprendido muchísimo de él. Es brillante. Podría hablar cuarenta minutos sobre la dinámica social de un hormiguero y te tendría al borde del asiento. Es inteligente, culto, provocador y divertido.

Yo nunca seré tan buen maestro como Mike. Trabajo el doble en mis enseñanzas, y salen más o menos la mitad de buenas. Y eso está bien. Porque no estoy llamado a ser tan bueno como Mike ni mejor que él. Estoy llamado a hacer bien mi propio trabajo. A tomar mi trasfondo, mi experiencia, mi educación, mi mente, mis habilidades —o mi falta de ellas—, ir a trabajar cada día y dar lo mejor de mí.

Dicho esto, si vamos a volvernos realmente buenos en algo, va a requerir tiempo. Y esfuerzo. Y energía. Mucha.

El diseñador gráfico Frank Chimero cuenta una historia sobre el chef de un prestigioso restaurante de Nueva York llamado *Momofuku*. Un día vio a su sous-chef tomando un atajo y lo reprendió con dureza: «Aquí no trabajamos así. Aquí hacemos las cosas de la manera larga, difícil y estúpida».[22]

La manera larga, difícil y estúpida.

Tan increíblemente buena.

Pero trabajar de esa manera larga, difícil y estúpida toma mucho tiempo. Y volverse realmente bueno en lo que haces tarda aún más. Años. No, décadas. Una vida entera de aprendizaje, formación, educación, práctica, autodisciplina y perseverancia en la búsqueda de la excelencia como un acto de abad: servicio y adoración.

Uno de mis mejores amigos se llama Robbie. Es diseñador en Adidas. Vivimos en el mismo vecindario, junto a una docena de personas más, y compartimos la vida en torno al evangelio.[23] Así que puedo observarlo de cerca. Robbie es uno de los diseñadores principales de su compañía. Si alguna vez usaste un par de zapatillas Adidas, hay muchas probabilidades de que Robbie las haya diseñado o al menos haya estado involucrado. Y Robbie ama su trabajo. Es como un niño pequeño jugando.

El otro día me mostró su boleta de calificaciones de quinto grado, de la clase de la Sra. McAvoy. Sus notas eran buenas, pero al final había un comentario de la maestra:

«Menos dibujos de zapatillas deportivas podría ser beneficioso».

¡Historia real! Robbie la enmarcó y la colgó sobre su escritorio, lo cual es el equivalente adulto de: ¡Ya verás! Me encanta esa historia, probablemente porque conecta con mi deseo innato de demostrarles a mis maestros de primaria lo mucho mejor que llegué a ser de lo que ellos decían. Pero, más allá de lo gracioso del comentario en la boleta, muestra que Robbie ha estado perfeccionando su habilidad desde quinto grado.

¿Es de extrañar que ahora, en sus treintas, esté en la cima de su campo? Él está sirviendo delante de reyes…

A principios de los noventa, un psicólogo alemán realizó un estudio para la elitista Academia de Música de Berlín. Descubrió que los mejores músicos no eran los que tenían más talento innato, sino aquellos que practicaban muchísimo más que el resto de los estudiantes. Fijó la cifra necesaria para dominar un instrumento en diez mil horas. Desde entonces, su estudio se ha repetido docenas de veces en todos los campos imaginables, y siempre se obtiene el mismo número: diez mil horas. Ese es el tiempo que toma volverse realmente bueno en algo. Si practicas a fondo, debería tomarte aproximadamente una década.[24]

¿Estás dispuesto a trabajar tan duro? ¿Por tanto tiempo?

Uno de mis diseñadores favoritos es un hombre llamado Charlie Eames. Se formó como arquitecto y luego, al salir de la escuela, comenzó a diseñar muebles. Tras una interrupción frustrante llamada Segunda Guerra Mundial, volvió al diseño de mobiliario. Su sueño era tomar la madera contrachapada —ese material barato, resistente y fácil de conseguir con el que había trabajado durante la guerra— y descubrir cómo doblarlo para hacer sillas. Su objetivo final era ofrecer un diseño moderno y accesible, pero bien hecho, para las masas de la posguerra. Eso fue a lo que dijo sí. Pero le tomó años. Años bordeando la bancarrota. Años trabajando a tiempo parcial como pintor de escenarios en Hollywood para pagar las cuentas. Años de fracasos. Años de lucha.

En un momento, vivía en Pasadena con su esposa, Ray. Se habían mudado desde el Medio Oeste para darle otra oportunidad al sueño del contrachapado moldeado. Rentaron un apartamento barato, y él trabajaba en su invento: una máquina para doblar madera. La llamaron la Kazam! Machine. No se les permitía hacer ese tipo de trabajo en el apartamento, así que Charlie metía los materiales a escondidas por la noche. En un momento necesitó más energía eléctrica, así que tendió un cable grueso por la ventana, trepó a un poste de teléfono y lo conectó directamente al transformador. Y construyó la Kazam! Machine en su sala, con retazos de 2x4 y una bomba de bicicleta. Te juro que no lo estoy inventando. Al final, logró que funcionara y, bueno, su silla Eames LCW, de 1946, ganó el premio al mejor diseño del siglo XX.[25]

Yo tengo una en mi sala. Y debo decirte: es realmente algo especial.

Así que, después de todo esto, esto es lo que quiero decir:

Haz una cosa.

Y haz una cosa *bien*.

Y haz esa única cosa bien como un acto de servicio y de amor al mundo, y para la gloria de Dios.

Esa última parte es la clave. La cultura en la que vivimos está marcada por el celebritismo. La tentación, cuando llegas a ser realmente bueno en algo, es hacerlo para servirte y amarte a ti mismo, no al mundo, y hacerlo para tu propia gloria, no para la de Dios. Es muy fácil que la gente talentosa caiga en el orgullo, la arrogancia, la autopromoción descarada y la autoexaltación. Es patético.

Si eres realmente bueno en lo que sea que hagas, no necesitas decírnoslo. Lo sabremos. Las cosas bellas no piden atención.

Dios está buscando personas a quienes pueda dar más «gracia». Personas que puedan manejar la gracia, con gracia.

Después de todo, Dios está buscando personas con quienes gobernar el mundo. Y puede que tú seas una de ellas.

¿Qué pasaría si el pueblo de Dios fuera conocido como los mejores carpinteros, los mejores directores generales, los maestros más preparados, los artistas más creativos, los escritores más ingeniosos *y*, al mismo tiempo, como las personas más humildes, sencillas, con corazón de siervo y llenas de amor? Creo que eso haría muy feliz a Dios.

Para terminar, mi cuñado Steve, el diseñador, acaba de dar una entrevista a *J. Crew*. Una de las preguntas fue: «¿Tienes una filosofía de diseño que marque el tono de tu trabajo?». Esta fue su respuesta:

«El buen diseño es dar lo mejor de nosotros; es trabajar duro para traer belleza al mundo. Cuando veo algo brillante me desarma en el mejor de los sentidos. También regreso constantemente a esta idea de que fuimos creados con la capacidad de crear, y eso hace de nuestro Dios el más generoso de todos. Me siento humilde después de terminar cada nuevo proyecto y, mientras me quedo allí con una gran sonrisa tonta en el rostro, siento su presencia y su aprobación».

Sí... no tengo nada que agregar a eso.

La tierra es maldecida

Bien, ha llegado el momento de enfrentarnos al elefante en la habitación.

Todo este discurso sobre el trabajo resulta un tanto irreal. (Bueno, ahí voy de nuevo: es muy irreal). Quiero decir, una teología del trabajo arraigada en el Jardín del Edén pasa por alto lo obvio: ya no vivimos en el Edén.

Mi dirección no es 197 SW Euphrates Road.

Mi esposa no se llama Eva.

Y no voy desnudo a mi empleo como jardinero y asignador de nombre de animales: ¡A este le voy a poner *zarigüeya*!

El mundo que llamo hogar está lejos de ser un jardín.

La visión original de Dios para Adán y Eva como reyes y reinas, que gobernaran bajo su autoridad generosa y amorosa, y sobre la tierra, desplegando el potencial del mundo y reorientándolo para el *kavod* de Dios y el florecimiento humano… vaya, era hermoso.

Y breve.

Tristemente, a Génesis 2 le sigue Génesis 3…

«La serpiente era más astuta que todos los animales del campo que Dios el Señor había hecho, así que preguntó a la mujer: ¿Conque Dios les dijo que no comieran de ningún árbol del jardín?».

Por esta razón, mucha gente no confía en la Biblia. ¿Una serpiente que habla? ¿En serio?

Si ese es tu caso, suspende el juicio por unos minutos. Recuerda: esta historia tiene miles de años. Probablemente circuló como tradición oral durante un milenio antes de escribirse.

¿Es poesía? ¿Narrativa? ¿Metáfora? ¿Es literal?

Te estás perdiendo lo esencial. Lo que debería resaltar de la página es que la serpiente —esa encarnación del mal— era un animal.

Recuerda: Adán y Eva fueron llamados a «gobernar sobre toda criatura que se mueve sobre la tierra».[1] Pero, en una inversión catastrófica del orden creado, un animal —¡al que Adán mismo le había puesto nombre!— terminó gobernando sobre ellos.

Esto es exactamente lo opuesto a lo que se suponía que debía ocurrir.

Adán debía «cuidar» el Jardín —protegerlo y velar por él—, pero en su lugar dejó que el mal encarnado entrara justo en el corazón del Edén, y abusó de su recurso más valioso: el árbol del conocimiento del bien y del mal.

Fue el primer rey del mundo y, trágicamente, un fracaso colosal.

Las consecuencias son desastrosas. Dios llega al Edén en busca de su rey y su reina. ¿Dónde están? Escondidos entre los arbustos. Así, el lugar que antes era «deleite»[2] —un lugar de seguridad, vulnerabilidad y belleza— se ha convertido ahora en un lugar de miedo, vergüenza y pesar. Y el Creador, que hasta ahora se había mostrado marcado por la creatividad, el poder, la generosidad, la libertad y el amor, hace algo extraño, algo que parece ajeno a su carácter: maldice a su imagen.

Y Adán y Eva son maldecidos de manera distinta.

Dios le dice a la mujer: «Multiplicaré tu sufrimiento en el parto y darás a luz a tus hijos con dolor».[3]

De modo que Eva es maldecida en el alumbramiento. Lo que originalmente era un buen dolor —un sano sentido de energía creativa— ahora se vuelve «muy severo». Yo he visto a Tammy dar a luz a dos hijos y, créeme, este lenguaje no podría ser más acertado.

Entonces Dios le dijo a Adán: «¡Maldito será el suelo por tu culpa! Con sufrimiento comerás de él todos los días de tu vida. La tierra te producirá cardos y espinas, y comerás hierbas silvestres. Te ganarás el pan con el sudor de tu frente hasta que vuelvas a la misma tierra de la cual fuiste sacado. Porque polvo eres y al polvo volverás».[4]

El hombre es maldecido en su relación con la tierra. Lo que antes era fuente de vida ahora es agotador, arduo y difícil. Hay «espinos y cardos» —dolor punzante— en todo lo que emprendemos con nuestras manos.

Tanto la familia como el campo son maldecidos por el Creador mismo.

Ahora bien, presta mucha atención al lenguaje. Mucha gente lo malinterpreta y piensa que el trabajo es la maldición. Nada más lejos de la verdad. ¿Recuerdas lo que dijimos al principio? El trabajo es la bendición. «Dios los bendijo con estas palabras... dominen...».

El trabajo no es la maldición, como tampoco los hijos lo son.

(Padres, absténganse de comentarios sarcásticos aquí).

El trabajo está maldecido. Y también lo está el alumbramiento.

Eso es distinto.

Maldición no significa aquí un hechizo de vudú. Significa que, tras el pecado humano, hubo cambios profundos, irreversibles y tóxicos en la experiencia de la familia y el campo.

Lo que antes era puro gozo ahora es un cajón de sastre. Claro que todavía hay alegría, mucha alegría, pero también hay mucha frustración.

Tanto dar a luz como cultivar la tierra se describen ahora como «sufrimiento en el parto». Y el lenguaje de «espinos y cardos» es simbólico a la hora de hacer cualquier labor cultural. Todo esfuerzo humano por construir civilización ahora está marcado por una molesta sensación de insatisfacción.

Cansancio, agotamiento, dolor de espalda, ibuprofeno, conflictos, pleitos, codicia, derroche, pobreza, injusticia, el deseo de tener más vacaciones... todo esto es consecuencia del primer mordisco de Eva.

Puede que no logres generar ingresos con lo que te gusta hacer, o incluso con aquello para lo que sientes que has sido llamado, y entonces tendrás que elegir entre renunciar a ello o conseguir un «empleo de día» y dedicarte a lo tuyo en tu tiempo libre.

O quizá tengas un trabajo que amas, pero las personas con las que trabajas son irritantes, y el chisme, las zancadillas y la economía despiadada son una carga para tu alma.

Y solo en el llamado Primer Mundo podemos pensar siquiera de esta manera.

En el mundo en desarrollo —también conocido como el mundo mayoritario, porque ahí vive la mayoría de los más de siete mil millones de personas en la tierra—, la gente vive al día. Trabajan todo el día en un pequeño campo para apenas arrancar lo suficiente y sobrevivir. Los que tienen ambición se mudan a la ciudad, donde por lo general terminan en una fábrica, en una línea de ensamblaje. Nada podría ser más deshumanizante. El trabajador está desconectado del producto. Así que no hay sentido de orgullo o logro al final de una larga jornada. Básicamente eres un engranaje viviente dentro de una máquina, atrapado en un cuarto caliente, húmedo y oscuro, viendo el reloj en la pared: tic-tac, tic-tac, día tras día tras día.

Incluso en el llamado Primer Mundo, mucha gente termina trabajando para una corporación multinacional. No sienten conexión con el producto que fabrican ni con la comunidad a la que sirven, no tienen voz ni influencia, ni un asiento en la mesa: solo un cubículo feo y funcional con una luz fluorescente encima y un empleo que perciben insignificante.

Además, aquí en Estados Unidos la clase media se está evaporando rápidamente. Un periodista declaró recientemente que nos dirigimos hacia un futuro distópico con un «feudalismo digital mundial», en el que una minoría educada y experta en tecnología gobierna sobre las masas de empleados del sector de servicios, mal pagados y con salario mínimo.[5]

En todo el mundo, el lugar de trabajo está marcado por la sensación de que «esto no es como debería ser»: ética laboral injusta, discriminación de género, trabajo infantil, trata de personas, la brecha cada vez mayor entre ricos y pobres...

No es de extrañar que el 70 % de los estadounidenses «no estén comprometidos» o estén «activamente desmotivados» en su trabajo.[6]

Setenta por ciento. Una cifra enorme de personas que se despiertan cada mañana pensando: *Tengo que hacer otra cosa* o *Faltan tres días para el fin de semana*.

Esto sucede porque fuimos creados para gobernar en nombre de Dios, como sus reyes y reinas, en sociedad con el Creador. Pero, en cambio, ahora gobernamos para nosotros mismos, buscando ser el «número uno», sin importar el costo para la tierra o sus habitantes.

Y así, el *selem*, la imagen, que debía tomar el Jardín y extenderlo por todo el mundo, está ahora en el exilio, expulsada de allí y llevando al mundo a la ruina.

Apenas podemos vislumbrar el Edén por el retrovisor...

Aun así, a pesar de todo esto, muchos de nosotros miramos a nuestro trabajo —sea lo que sea que hagamos— como fuente de identidad e incluso de significado. Y esto no es del todo malo. Quienes somos y lo que hacemos son inseparables, como dije antes. Pero cuando definimos quiénes somos por lo que hacemos y estamos atrapados en un trabajo o en una vida que no nos gusta, estamos en terreno peligroso.

Uno de los primeros relatos que encontramos después del desastre del Edén es sobre un proyecto de construcción en una ciudad llamada Babel.[7]

Leemos: «Al emigrar al oriente, la gente encontró una llanura en la región de Sinar». Esto es bueno. Los humanos empiezan a extenderse por la tierra. Los hijos y las hijas de

Adán fueron llamados a «llenar la tierra». La historia parecía ir en la dirección correcta.

Pero, entonces, todo se tuerce.

«Un día se dijeron unos a otros: Vamos a hacer ladrillos y a cocerlos al fuego. Usaron ladrillo en lugar de piedra, y asfalto en vez de mezcla».

Fascinante. Inventan una tecnología completamente nueva: el ladrillo. Un gran salto para la civilización. Ahora pueden construir más barato, más rápido y más alto.

Luego dijeron: «Construyamos una ciudad con una torre que llegue hasta el cielo. De ese modo, nos haremos famosos y evitaremos ser dispersados por toda la tierra».

Un momento. Ser «esparcidos sobre la faz de la tierra» era algo bueno. Era exactamente lo que se suponía que debían hacer. Pero en un acto de rebelión, deciden: «No, nos quedamos aquí mismo y levantamos una ciudad, con una torre que llegue hasta el cielo».

Esto es interesante: los cielos son el lugar donde está Dios. Así que están recurriendo a este proyecto de construcción —al trabajo— como una pseudoespiritualidad, una fuente de sentido y propósito que solo puede encontrarse en Dios mismo.

Y todo esto es «para hacernos un nombre». Buscan trabajar para tener identidad y estatus. Como sistema de medición, para compararse con quienes los rodean.

¿Tu torre mide solo eso? Oh, lo siento mucho...

Por supuesto, la historia termina en desastre. La soberbia siempre conduce al conflicto, a las luchas internas y, finalmente, a la implosión. Al final: «El Señor los dispersó desde allí por toda la tierra; por lo tanto, dejaron de construir la ciudad».

Pero, después de quién sabe cuántos milenios de la llamada evolución, ¿somos realmente diferentes? ¿Mejores?

Cada año o cada dos años, se rompe el récord del edificio más alto del mundo. Ahora mismo es el Burj Khalifa en Dubái, que se eleva 828 metros hacia la atmósfera. Pero, para cuando leas este libro, estoy seguro de que habrá otro edificio, en otra ciudad.[8]

Mi punto es que, como seres humanos, tenemos esta inclinación a buscar en nuestro trabajo la importancia que solo podemos hallar en Dios.

Cuando desligamos nuestro trabajo de Dios, se convierte en una especie de dios en sí mismo.

Se le llama adicción al trabajo. El trabajo puede ser tan adictivo como cualquier droga. Aun cuando sea duro, difícil y frustrante, esa sensación de logro y acumulación, esa idea de haber añadido un metro más a tu propia torre de Babel, es un subidón que muchos deseamos.

La tecnología ha hecho que sea más fácil que nunca volverse adicto al trabajo. Ya no necesitamos subirnos al auto o al metro para ir a la oficina; basta con tomar el teléfono o abrir el portátil, y la oficina viene a nosotros. Es como deslizar una aguja en la vena: sabes que es peligroso, pero uno se siente tan bien.

Pero la adicción al trabajo es más que una adicción: es una forma torcida de adoración, una búsqueda de sentido y propósito en lo que hacemos.

Esa es la parte insidiosa y engañosa del trabajo: puede ser demasiado de algo bueno. Quizás lo que haces sea bueno, incluso grandioso; contribuye al florecimiento humano, es vital para el mundo... pero el problema está en por qué lo haces.

En ningún lugar esto es más cierto que en mi propio trabajo. Hace tiempo renuncié a la idea de tener un motivo totalmente puro. Para mí es tan fácil hacer lo correcto —enseñar las Escrituras, escribir un libro sobre Dios, guiar a la iglesia en una nueva iniciativa, hacer justicia, lo que sea— por todas las razones equivocadas: por mí mismo, por dinero, para que la gente piense que soy increíble... cualquier cosa que pueda inventar mi corazón resquebrajado. Me imagino que no soy el único con motivaciones a veces dudosas detrás de lo que hago.

Una persona trabaja duro como acto de adoración a Dios y expresión de amor y servicio al mundo.

Otra persona se esfuerza porque, en su subconsciente, piensa: *Si logro cerrar este trato, o hacer esta venta, o conseguir ese ascenso, o triunfar como novelista, o recibir reconocimiento como ________, seré feliz.*

Es Babel otra vez. La búsqueda humana de «construir una torre hasta los cielos», de encontrar identidad y significado en nuestro trabajo.

Quizás este no sea tu caso. Tal vez estés pensando: *¿Qué les pasa a estas personas?* Yo odio mi trabajo. Quizá para ti tu torre de Babel no sea el trabajo, sino el descanso.

«Vivir para el fin de semana» es tu lema. Recuerda lo que dijimos antes: para muchísima gente, el trabajo es solo un medio para un fin. Es algo que hacemos para poder ir a hacer otra cosa. La meta es ganar la mayor cantidad de dinero posible con el menor esfuerzo y energía posibles, para luego salir del trabajo e ir a divertirnos. Hacer lo que amamos.

Y, como en el caso del trabajo, muchos esperan descansar, jugar o tener ocio para tener sensación de identidad.

«Soy músico».

«Soy atleta».

«Soy mochilero».

«Soy surfista».

«Soy lector».

«Soy bloguero de moda».

Estamos hambrientos de un sentido de identidad y, aún más, de pertenencia a una comunidad. Este deseo no es malo en absoluto. Está latente en todos nosotros desde el nacimiento porque fue puesto allí por Dios. Pero cuando buscamos identidad y pertenencia en lo que hacemos para divertirnos, en lugar de hacerlo en Dios y en su pueblo, convertimos la música, el deporte, la moda, la pesca o lo que sea que amemos en un dios con minúscula, y terminamos vacíos una y otra vez.

Ahora bien, ya sea que tu dios de elección sea el trabajo o el descanso, o alguna mezcla de las dos cosas, ambas van en curso de colisión con la desilusión.

El trabajo, por muy bueno que sea tu empleo, nunca es suficiente. Cada vez que arrancas una mala hierba en el jardín, aparecen tres más en su lugar. El trabajo es una lista de tareas que nunca termina. Constantemente sentimos que vamos atrasados. Esto es agotador, mientras los años de nuestra vida siguen pasando.

Y el descanso, sea lo que sea —esas vacaciones, tu viaje a Italia, el fin de semana viendo a tu banda favorita en vivo, surfear en la North Shore— nunca será del todo perfecto. Así que, al final, sientes el vacío. Estamos hechos para contribuir al mundo, pero cuando lo único que hacemos es consumir, por muy bueno que sea, después de un tiempo nos sentimos vacíos.

Tenemos esa molesta sensación de: *¿Para qué sirve todo esto?*

Hay un libro entero en la Biblia escrito sobre esto. Se llama *Eclesiastés*, y fue escrito, irónicamente, por un rey. Un gobernante. Un hombre que empezó muy bien —casi como un reemplazo potencial de Adán mismo—, pero terminó muy, muy mal. Comenzó a buscar satisfacción en todo menos en Dios. *Eclesiastés* es básicamente su desahogo sobre cómo «todo es absurdo» y cómo no logra encontrar lo que busca «debajo del sol» (un eufemismo para la vida apartados de Dios).

Él lo intenta todo: educación, risa, diversión, placer, hedonismo, éxito, riqueza... *todo*. Incluido el trabajo.

Escucha cómo se desahoga...

«Aborrecí entonces la vida, pues todo cuanto se hace bajo el sol me resultaba repugnante. Realmente, todo es vanidad; ¡es correr tras el viento! Aborrecí también todo el trabajo que hice bajo el sol, pues el fruto de tanto afán tendría que dejárselo a mi sucesor. ¿Y quién sabe si este sería sabio o necio? Sin embargo, se adueñaría de lo que con tanto esmero y sabiduría logré hacer bajo el sol. ¡Y también esto es vanidad!».[9]

Ahora bien, antes de que te deprimas y llores, recuerda que esta es una descripción del trabajo «debajo del sol». Así es como se ve el trabajo cuando lo hacemos apartados de Dios. Con suerte, nuestra visión del trabajo es radicalmente distinta. Pero aun así, todos podemos identificarnos, al menos en parte, con la angustia de aquel rey.

Al final, la mayor parte de nuestro trabajo será borrada por la historia. El libro que estás leyendo ahora quizá se venda bien durante unos años. Quién sabe, existe una pequeña posibilidad de que incluso llegue a una lista de superventas (bueno, probablemente no). Pero aunque eso pasara, en un siglo o dos nadie lo recordará, y en otro siglo o dos más se convertirá literalmente en polvo.

Si lo hago solo por mí mismo, y si esta vida es todo lo que hay, entonces el rey tiene razón. Todo esto carece de sentido. Por suerte, no lo hago únicamente por mí (solo en parte, *¡ay!*), y esta vida no es todo lo que existe. La resurrección está en el horizonte. Pero aun así, a pesar de eso, a veces todo esto se siente un poco vacío. O, al menos, como una ligera decepción.

Esto es especialmente cierto para mi generación. Soy millennial, pertenezco a lo que el *Huffington Post* llamó la generación «GYPSY».[10]

(Por favor, nada de chistes. Sabemos que estamos un poco «perjudicados», ¿de acuerdo?).

La generación de nuestros abuelos creció durante la Gran Depresión y luego vivió la Segunda Guerra Mundial. Ellos se conformaban con tener un trabajo. La seguridad y la estabilidad ya eran un objetivo bastante alto. Si podían pagar la hipoteca y poner comida en la mesa, eran felices.

La generación de nuestros padres dio un paso más. Querían más que un empleo estable que pagara las cuentas. Querían ganar dinero. Mucho dinero. Comprar cosas. Divertirse. Irse de vacaciones a algún lugar tropical.

Pero mi generación salió de la atmósfera. No nos basta con un trabajo bien pagado, un auto bonito y vacaciones caras de vez en cuando. Queremos que nuestros sueños se hagan realidad. Queremos realización personal a través del trabajo.

Y tenemos la oportunidad de lograrlo. Somos los hijos de la abundancia. Muchos de los chistes sobre cómo los millennials viven en casa de sus padres hasta los treinta, pierden el tiempo, son inconstantes, inmaduros y viajan mucho hacen que esto parezca algo nuevo.

La verdad es que así se han comportado siempre los hijos de los ricos.[11]

Ah, pero nosotros no nos consideramos ricos. Yo nací en la típica familia de clase media en un suburbio de California, pero en realidad crecí como un niño privilegiado. Era, y sigo siendo, rico.

Y la riqueza significa que tenemos opciones. Más que cualquier otra generación anterior a nosotros. Esto es bueno *y* malo, según se mire.

Durante *miles* de años hiciste lo mismo que tu padre o tu madre antes que tú.

Si tu padre era rey, tú eras rey. Si era agricultor, tú eras agricultor, casi siempre en la misma parcela de tierra. Si era sherpa, te criaba para que fueras un sherpa aún mejor.

El apellido de uno de mis amigos es Buckstaber. Es la traducción del alemán para «corredor de apuestas».
Su tatarabuelo fue corredor de apuestas. Y su padre antes que él. Y su padre antes que él.

Si tu apellido es Smith, lo más probable es que tu tatarabuelo fuera herrero*.

Mi punto es que la mayoría de las personas, a lo largo de la historia y en todo el mundo hoy en día, no han podido

* N. del T.: Blacksmith en inglés.

elegir a qué dedicarse. Ese es un lujo de los ricos. Mi iglesia trabaja mucho en Zimbabue, que solía ser una potencia económica —se le llamaba *el granero de África*— hasta que un gobernante despótico llamado Mugabe llegó al poder. Básicamente destrozó el país. La inflación está en 89,700,000,000,000,000,000,000 %. Ni siquiera sé cómo se pronuncia ese número. Y el desempleo alcanza el 85 %.[12] Nueve de cada diez personas en Zimbabue ni siquiera tienen trabajo. No se despiertan pensando: *¿Cuál es mi sueño?* Se despiertan pensando: *¿Cómo voy a sobrevivir?* Harán lo que sea con tal de conseguir salir adelante.

Pero aquí, en Occidente, tenemos el problema opuesto. Tenemos tantas opciones que resulta intimidante. Podría ser pastor, escritor, arquitecto, diseñador, dueño de un restaurante, periodista... un montón de cosas. Y agradezco todas esas opciones. Pero el despliegue de elecciones puede ser paralizante.

¿Y si me equivoco?

Y cuando por fin nos decidimos por una carrera, nuestras expectativas son altísimas. Poner comida en la mesa podía ser suficiente para la abuela, o tener un buen televisor para ver el partido lo era para papá, pero no para nosotros. Nosotros queremos dedicarnos a algo que nos apasione.

De nuevo, estoy por completo a favor de esto. Una de las razones por las que estoy escribiendo este libro es para darte una buena patada en el trasero y animarte a perseguir tus sueños. Sí, esto es un lujo de los ricos... ¡así que aprovéchalo!

Pero, aunque tengamos éxito, conviene tener en cuenta algunas cosas...

(Aviso: lo que viene a continuación no es precisamente un discurso motivacional).

Primero, nuestros sueños probablemente tarden mucho más de lo que esperamos. Años, por no decir décadas, de trabajo arduo y constante. ¿Recuerdas eso de las diez mil horas? Habrá días, incluso meses, en los que te darás la vuelta en la cama por la mañana y pensarás: *Otro día más...* Existe una razón por la que la paciencia se está convirtiendo en cosa del pasado. Es brutalmente difícil.

En segundo lugar, otros lo harán mucho mejor que nosotros. Independientemente de lo listos, esforzados, talentosos o carismáticos que seamos, siempre habrá alguien mejor que nosotros.

Y gracias a las redes sociales, ahora tenemos una nueva forma de atormentarnos mutuamente. La construcción de imagen nos hace parecer mucho más exitosos de lo que realmente somos. Seleccionamos las mejores partes de nuestra vida y escondemos todo lo demás bajo la alfombra. Así, cuando salimos al mundo y vemos a otras personas, desde la distancia parece que son increíblemente exitosas, cuando en realidad están batallando igual que nosotros. Pero no vemos la realidad. Vemos una publicación de Instagram. Y para empeorar las cosas, en una cultura de celebritismo (culto a la celebridad), contamos las historias de la diminuta minoría que logra un éxito enorme a una edad temprana. Eso nos hace sentir aún más inferiores.

Tercero —y presta atención, la parte deprimente casi termina, lo prometo—, si es que finalmente «lo logramos» y tenemos éxito, nunca es tan grandioso como esperábamos. O si lo es, esa euforia de ver un sueño cumplido es efímera. No dura demasiado.

Así que la mayoría de nosotros vivimos con un profundo sentido de desilusión y desencanto.

Un par de sociólogos usaron esta fórmula:

Felicidad = realidad – expectativas.[13]

Esta es una manera científica de decir que todos tenemos expectativas. Si te va mejor de lo que esperabas, lo más probable es que seas feliz. Pero si tu vida no está a la altura de tus expectativas, lo más probable es que, por más éxito que tengas, seas infeliz.

Esto fue una buena noticia para la abuela y el abuelo recién salidos de la Gran Depresión.

Pero son malas noticias para una generación de soñadores marcada por expectativas desorbitadas.

Mi punto —y gracias por no rendirte unos párrafos antes— es que deberíamos esperar que nuestro trabajo sea una mezcla: bueno *y* malo. Deberíamos esperar que algunos de nuestros sueños se hagan realidad *y*, al mismo tiempo, sentir cierta desilusión. Deberíamos esperar que el trabajo nos dé un sentido de propósito y significado, *y* también que nos frustre regularmente, sea lo que sea que hagamos.

Apartados de Dios no podemos encontrar felicidad, satisfacción, o lo que sea que estemos buscando, en el trabajo ni en el descanso.

Esa es la mala noticia.

Ahora viene la buena.

¿Y si Dios lo planeó así?

¿Y si todo esto fue idea de Dios?

¿Y si Él está tramando algo?

Después de todo, fue Él quien maldijo la tierra. Nosotros pecamos, es cierto, pero Él maldijo la tierra.

¿Por qué haría eso? ¿Por qué un Creador amoroso y generoso maldeciría su propia creación? ¿Acaso es cruel? ¿Sádico? ¿Un psicópata? ¿Simplemente malo?

Aquí va mi teoría: creo que la maldición es una bendición disfrazada. Es el amor de Dios encubierto. Su misericordia de incógnito.[14]

Porque la maldición nos empuja hacia Dios.

De no ser por las maldiciones —sobre la familia y sobre el campo—, buscaríamos en lo que hacemos para trabajar o descansar, y lo encontraríamos. Y nada podría ser más desastroso para el mundo que el que los portadores de la imagen de Dios encontraran identidad, pertenencia e incluso satisfacción al margen de Él.

Afortunadamente, eso nunca ocurrirá.

Ya sea que busquemos en la familia, en el matrimonio, la maternidad, la paternidad, las relaciones, la tradición...

O en el campo, en el trabajo, nuestra carrera, lo que logramos o compramos o vendemos...

O incluso en el descanso, en el juego, el ocio, la música, la comida, la bebida, las vacaciones, el esquí...

Ninguna de estas cosas —por fantásticas que sean— podrá jamás darnos el tipo de vida que anhelamos. Al menos, no por sí solas.

Todas estas cosas nos empujan hacia Alguien.

Y no pienses que estoy cayendo en una visión dualista y ascética, como si todos debiéramos abandonar nuestro trabajo, irnos al desierto y orar 24/7 en una cueva. Muchas veces encontramos a ese Alguien en el último lugar donde esperaríamos: en nuestro trabajo y en nuestro descanso.

Piensa en la historia del Edén: Dios se acerca a Adán y Eva cuando se esconden entre los arbustos. Justo después de estropearlo todo por completo. Así es Dios. No se queda atrás, con los brazos cruzados, enojado y distante, esperando a que Adán reaccione. No, Él se acerca *a* nuestros primeros padres justo en medio de todo su desorden y su fracaso.

A menudo esperamos encontrar a Dios en los lugares adonde vamos a buscarlo: en la iglesia, en la oración, en un retiro. Y, por supuesto, allí está. Es Dios. Está en todas partes. Pero también está donde menos lo esperamos: en la oficina, en esa reunión que se sale de control, en la clase de biología, en la cocina, cuando estás pagando tu montaña de deudas por esas vacaciones en Kauai… Ahí también está.

Para la mayoría de nosotros, el último lugar donde esperaríamos encontrar a Dios es en el trabajo que odiamos. Pero ¿y si ese fuera uno de los primeros lugares en los que deberíamos buscar?

Apuesto lo que quieras a que Él está allí. Haciendo lo que siempre hace: salvarnos.

De hecho, ¿y si nuestro trabajo —incluso las partes duras, difíciles y frustrantes— fuera uno de los contextos, si no el principal de ellos, donde Dios lleva a cabo su obra de salvación? Y por salvación no me refiero solo a la transición de «salir del infierno y entrar al cielo». Espero que a estas alturas ya sepas que eso es apenas el comienzo. Me refiero a Jesús rehaciéndonos en las personas que siempre debimos ser: reyes y reinas sobre el mundo. Preparándonos para lo que viene.

Porque, para los seguidores de Jesús, el Edén es de donde venimos, y también hacia donde vamos.

Pero antes de llegar a nuestro destino, tenemos que hacer primero una última parada…

Parte 2

El descanso

No soy una máquina

Bridgetown casi me mata hace unos años.

Tenía veintitrés cuando empezamos la iglesia. ¿Quién sabe algo de la vida a los veintitrés? Pero desde el primer día Dios estaba haciendo algo único. Mucha gente estaba viniendo a Jesús, y aún más personas estaban siendo transformadas de arriba abajo por el camino de Jesús, y el crecimiento era explosivo.

Plantar una iglesia es una mezcla entre una *start-up* de Silicon Valley y el Día D. Digamos simplemente que te deja vacío.

El primer año fue agotador, pero emocionante. Nunca había formado parte de algo así.

El segundo año fue agotador, pero bueno.

El tercer año fue agotador. Eso es todo. Simplemente agotador.

Para el cuarto año me estaba muriendo —veintisiete años y al borde de una crisis nerviosa—. Estresado. En el médico, enfermo todo el tiempo. Irritable con mi esposa. Enojado con el mundo. La fogata se había reducido a una pequeña llama y a un montón de humo. Mi corazón estaba a punto de rendirse.

T y yo no teníamos hijos todavía, así que simplemente trabajaba todo el tiempo. Me despertaba a las seis cada mañana, leía y oraba un poco y luego trabajaba hasta alrededor de las diez de la noche. Seis días a la semana. Para cuando llegaba mi día libre, ya no quedaba mucho de mí. Lo llamábamos mi «día de recuperación». Dormía hasta media mañana, y cuando me levantaba, normalmente estaba de mal humor. Pasaba el día poniéndome al día: haciendo recados, pagando facturas, tareas pendientes en nuestro *loft*. Básicamente hacía todo el trabajo por el que no me pagaban. Y luego íbamos de compras y comprábamos cosas. ¿No es eso lo que se supone que haces después de recibir un sueldo? A veces veíamos una película, la mayoría de las veces terminábamos discutiendo, y luego nos íbamos a dormir. Mi día libre era, sin duda, el peor día de mi semana.

Solo se puede vivir así un tiempo antes de que afecte a tu alma. Vas desgastando una parte de tu humanidad.

Parte del problema era que amo mi trabajo. Podría echarle la culpa a la naturaleza del trabajo pastoral —que es básicamente una lista de tareas que se extiende hasta el infinito—, pero la realidad es que soy un adicto al trabajo. Amo demasiado mi labor. Yo, como mucha gente, estaba erigiendo mi propia Babel, buscando en mi empleo mi identidad y mi valor propio. Y ese camino lleva directo a la oscuridad y luego se despeña por un acantilado.

Así que allí estaba yo, a finales de mis veintitantos, empezando a quemarme, pensando en renunciar al trabajo que antes amaba pero que ya no, sintiéndome desgraciado. Y entonces encontré un pequeño libro, escrito por un místico judío, sobre el *sabbat*.[1] Lo leí. Luego lo volví a leer. Y lo leí otra vez. Odio decir: «¡Este libro me cambió la vida!». Pero... bueno, este libro me cambió la vida. Por primera vez empecé a practicar el arte del *sabbat*, un arte tan antiguo como la creación misma.

En Génesis 2, al final de la historia de la creación, leemos: «Así fueron terminados los cielos y la tierra y todo lo que hay en ellos. Para el séptimo día Dios había concluido la obra que había realizado, y en ese día descansó de toda su labor».[2]

Como dije antes en este libro, la historia de la creación comienza con Dios trabajando y termina con Dios descansando. Después de seis «días» de dar forma al mundo, todo queda terminado. El universo está «terminado».

¿Y tú pensabas que tu semana había sido productiva?

Luego leemos que Dios descansó.

Asegúrate de entender esto bien.

Dios descansó.

Dios, que no necesita dormir ni días libres, ni vacaciones, que no se cansa ni se desgasta ni se irrita, que no tiene paralelo con ningún otro ser en el universo, descansó.

Y, aun a riesgo de sonar repetitivo, quiero que recuerdes que fuimos creados a su imagen. Fuimos hechos para reflejar y reproducir ante el mundo lo que Dios es.

Dios trabaja, así que nosotros trabajamos.

Dios descansa, así que nosotros descansamos.

El trabajo y el descanso viven en una relación simbiótica. Si no aprendes a descansar bien, nunca aprenderás a trabajar bien (y viceversa). Después de todo, lo opuesto al trabajo no es el descanso, sino el sueño. Trabajo y descanso son amigos, no enemigos. Son como un novio y una novia que se unen para formar una vida plena y equilibrada.

El *sabbat* no es tan solo un día para no trabajar; es un día para deleitarse en lo que un poeta hebreo llamó «la obra de nuestras manos».[3] Para deleitarse en la vida que has forjado en sociedad con Dios, para deleitarse en el mundo que nos rodea, y para deleitarse en Dios mismo. El *sabbat* es un día para tomar asiento, recostarse, mirar hacia atrás en retrospectiva sobre el trabajo de los últimos seis días... y simplemente disfrutarlo.

La palabra *descanso* en Génesis 2 es *shabat* en hebreo, de donde procede nuestra palabra *sábado*. En esencia significa *detenerse*, *cesar*, *terminar*, pero también puede traducirse como *celebrar*. Los judíos han practicado el arte del *sabbat* durante milenios. Tenemos mucho que aprender de ellos. Hablan mucho de *menuhá*, otra palabra hebrea que se traduce como *descanso*, pero que es un tipo muy específico de descanso. No es simplemente una siesta en el sofá. Es un descanso que también es una celebración. A menudo se traduce como *felicidad*. Y para los judíos, la *menuhá* es algo que se crea. No se trata solo de dejar de trabajar y sentarse en el sofá un día a la semana. Se trata de cultivar un ambiente, una atmósfera para disfrutar de tu vida, de tu mundo y de tu Dios. Es más un modo de ser que una franja de veinticuatro horas.

Todos necesitamos un poco de *menuhá* de vez en cuando. Y el *sabbat* es para eso.

El *sabbat* es un día en el que Dios tiene toda mi atención.

Es un día en el que estoy completamente disponible para mi familia y mis amigos.

El *sabbat* es un día sin lista de tareas pendientes. Es un día en el que no realizo nada… y no me siento culpable por ello.

Es un día en el que mi teléfono está apagado, mi correo cerrado, y en el que nadie puede localizarme.

El *sabbat* no es un día para comprar o vender, para tener más. Es un día para disfrutar lo que ya tengo.

No es un día para estar triste.

Porque el *sabbat* es un día para la *menuhá*: para la celebración de la vida en el mundo muy bueno de Dios.

Después de seis días de trabajo escultórico del universo, Dios descansó. Y al hacerlo, imprimió un ritmo en la creación misma. Trabajamos seis días y luego descansamos uno. Y esta cadencia de trabajo y descanso es tan vital para nuestra humanidad como la comida, el agua, el sueño o el oxígeno. Es obligatorio para sobrevivir, por no hablar de prosperar. No soy una máquina. No puedo trabajar siete días a la semana. Soy un ser humano. Lo único que puedo hacer es trabajar seis días y luego descansar uno, tal como lo hizo el Dios cuya imagen porto.

Después de que Dios descansara, leemos: «Dios bendijo el séptimo día y lo santificó, porque en ese día descansó de toda su obra creadora».[4]

Hay dos palabras fascinantes aquí en las que tenemos que profundizar: bendijo y santificó.

La palabra *bendecir* en hebreo es *barak*, que se pronuncia como el nombre del presidente. Un *barak*, o una bendición, en la historia de la creación es la capacidad dadora de vida para procrear, para engendrar más vida.

Dios *barak*eó tres veces en Génesis.

Primero, Dios bendijo a los «seres vivientes» (el reino animal) y dijo: «¡Sean fructíferos y multiplíquense. Llenen la tierra».

Y después bendijo el séptimo día.

Así que bendice a los seres vivientes.

Luego bendice al ser humano.

Y luego... bendice ¿un día? ¿Cómo funciona eso?

El *sabbat* tiene la capacidad vivificadora de dar vida, de llenar el mundo de vida.

Por mucho que ames tu trabajo o lo bien que ajustes tu equilibrio entre vida y trabajo: al final de la semana estás cansado. Tus reservas de energía están vacías. Pero el descanso nos recarga: con energía, creatividad, visión, fuerza, optimismo, ligereza, claridad y esperanza. El descanso da vida.

Porque Dios *barakeó* el día de reposo.

Ese es el primer término. Falta uno más. Después leemos que Dios santificó el *sabbat*. En hebreo, es una palabra con peso, seria: *kadosh*. Por lo general, esta palabra se usa para Dios.

Dios es *kadosh*. Él es santo.

Los rabinos le dan mucha importancia al «principio de la primera mención», que, dicho de forma simple, significa que la primera vez que lees una palabra en las Escrituras funciona como una especie de definición. Marca la pauta de cómo vas a entender esa palabra en adelante.

¿Sabías que la primera vez que aparece la palabra *kadosh* en la Biblia es justo aquí? ¿Y qué es lo que Dios hace santo?

El tiempo.

Esto es fascinante. Podrías pensar que, después de crear el mundo, Dios santificaría un lugar: una montaña, un templo o un santuario. Al fin y al cabo, todas las demás religiones tienen un espacio sagrado. El islam tiene la Meca. El hinduismo tiene el río Ganges. El paganismo tiene Stonehenge. El béisbol tiene Wrigley Field.

Pero este Dios no tiene un espacio santo; tiene un tiempo santo: el *sabbat*. Este Dios no se encuentra en el mundo del espacio, en un templo, en la cima de una montaña, en un manantial, alrededor de una estatua o un monumento. Se encuentra en el mundo del tiempo.

Heschel dijo: «Los *sabbats* son nuestras grandes catedrales».[5] Existe una jerarquía en el tiempo. No todos los momentos fueron creados iguales. Hay algunos momentos mucho, mucho mejores que otros.

Durante seis días lidiamos con el mundo del espacio, el duro trabajo de construir la civilización. Pero en el *sabbat* saboreamos el mundo del tiempo. Bajamos el ritmo, respiramos hondo y lo absorbemos todo.

Pulsamos el botón de cámara lenta.

Ayer fue el primer día cálido y soleado del año; llegamos a los 70 °F. Cuando eso ocurre en Portland, es como una fiesta ciudadana de facto. Yo tenía un día ocupado, pero hubo un breve momento en el que estaba en casa y me sobraban diez minutos antes de salir. Así que me senté en el patio, al sol, me quité la camisa y simplemente bajé el ritmo de todo. Mi objetivo era lograr que esos diez minutos parecieran diez horas.

El *sabbat* es así. Es un día en el que tu meta es saborear cada segundo. Porque es santo.

¿Es así como tú concibes la santidad?

Tristemente, muchos pensamos en la santidad en negativo, en aquello que no hacemos. No nos emborrachamos, no tenemos sexo casual, no vemos películas clasificadas para mayores de 18 años (a menos que sean sobre Jesús o salga Russell Crowe en ellas). Y eso no está del todo mal, pero es solo una cara de la moneda. La santidad también tiene un lado positivo: se trata de lo que sí hacemos.

Más adelante, en *Éxodo*, aparece una historia apasionante sobre Moisés e Israel en el desierto. Estaban muriéndose de hambre, así que Dios les envió este alimento extraño llamado *maná*. Literalmente caía del cielo cada mañana, y lo único que tenían que hacer era salir y recogerlo. Con una excepción: el sexto día caía el doble. Y el séptimo día —el *sabbat*— no caía nada. El cielo estaba vacío.

El pueblo se confunde cuando se despierta el sexto día y hay una bolsa extra de víveres. Entonces Moisés les dice: «Mañana sábado es día de reposo consagrado al Señor. Así que cuezan lo que tengan que cocer y hiervan lo que tengan que hervir. Lo que sobre, apártenlo y guárdenlo para mañana».[6]

Un *sabbat* santo para el Señor.

Este lenguaje de «santo para el Señor» aparece a lo largo de toda la Escritura. También puede traducirse «dedicado al Señor». Así que el *sabbat* es un día entero que es santo, apartado, dedicado al Señor.

Es un día para descansar y es un día para adorar.

Cuando guardo el *sabbat*, lo filtro todo a través de esta rejilla: ¿Es esto descanso? ¿Es esto adoración? Si la respuesta a ambas preguntas es sí, entonces lo disfruto; si la respuesta es no, lo pospongo hasta el día siguiente.

Porque el *sabbat* no es lo mismo que un día libre.

Asegúrate de captar la diferencia.

En un día libre no trabajas para tu empleador, pero sigues trabajando. Vas al supermercado, al banco, cortas el césped, avanzas en el proyecto de remodelación, o escribes un poco de esa novela de ciencia ficción que tienes empezada...

En el *sabbat*, descansas y adoras. Eso es todo.

Por eso Moisés enseñaba a los israelitas a prepararse para el *sabbat:* hornear, hervir y alistarse para el día de descanso. Piensa en ese día como en una festividad semanal. No te despiertas el día de Navidad por la mañana y piensas: *¿Qué deberíamos hacer hoy?* No, sino que te preparas para ello. Lo mismo pasa con Acción de Gracias, el Cuatro de Julio, tu cumpleaños o tu aniversario: planeas, te organizas, compras lo necesario y lo esperas con ilusión durante días.[7] En mi familia, guardamos el *sabbat* desde el atardecer del viernes hasta el sábado al anochecer, así que los viernes por la tarde siempre son un torbellino de actividad. Limpiamos la casa, terminamos la lista de tareas pendientes, pasamos por el mercado y planificamos el día siguiente. Y entonces, finalmente, llega.

Bendito y santo.

Esto es lo que quiero decir: hay un ritmo en este mundo. Durante seis días gobernamos, trabajamos, luchamos, extraemos, sangramos, nos desgastamos y peleamos con la tierra. Pero luego damos un paso atrás y, durante veinticuatro horas, *sabateamos*: disfrutamos del fruto de nuestro trabajo, nos deleitamos en Dios y en su mundo, celebramos la vida, descansamos y adoramos.

El Dios Creador nos invita a unirnos a Él en este ritmo, en este juego entre el trabajo y el descanso. Y cuando no aceptamos su invitación, cosechamos las consecuencias: fatiga, agotamiento, ansiedad, depresión, exceso de ocupaciones, relaciones vacías, sistemas inmunológicos debilitados, bajos niveles de energía, ira, tensión, confusión, vacío. Estos son los signos de una vida sin descanso.

Quizá por eso, más adelante, el *sabbat* se convierte en un mandamiento. Cuando Israel está al pie del monte Sinaí, Dios desciende sobre la montaña en una nube de fuego, humo y relámpagos. Y con una voz como un terremoto californiano, Dios proclama los Diez Mandamientos sobre su pueblo. Su visión de la humanidad queda reducida a diez mandatos, tan pocos que un niño puede contarlos con los dedos.

Y, adivina cuál es el mandamiento más largo y detallado.

El *sabbat*. Ocupa más espacio que cualquiera de los otros.

Dios comienza diciendo: «Acuérdate del día de reposo».[8]

Así que el *sabbat* es algo fácil de olvidar. Es fácil dejarse arrastrar por este mundo moderno de 24/7, de prisa constante, de rueda de hámster. Debemos recordar el *sabbat*.

¿Cómo? «Santificándolo».

Por consiguiente, el *sabbat* es santo, pero también es algo que debemos mantener santo. Es fácil profanarlo, desacralizarlo. Es fácil que se convierta en otro día más en la carrera de ratas. Otro día para caer en el patrón: trabajar, comprar, vender, repetir. Debemos mantenerlo santo: custodiarlo, protegerlo, tratarlo como una flor delicada en el metro de Nueva York.

Si estás pensando: *¿Por qué debería esforzarme tanto?* Dios acaba su mandamiento más largo con la respuesta: «Porque en seis días hizo el Señor los cielos y la tierra, el mar y todo lo que hay en ellos, y descansó el séptimo día. Por eso el Señor bendijo y consagró el día de reposo».

Así que, para Dios, su mandamiento sobre el *sabbat* está enraizado en la propia historia de la creación.

Mucha gente argumenta que somos «libres» del *sabbat* porque formaba parte de la Torá, o la Ley. Como si fuera una regla legalista en la que estábamos atrapados hasta que llegó Jesús. ¡Qué trágico malentendido!

Es cierto que ya no estamos bajo la Torá, y también es cierto que el *sabbat* es el único de los Diez Mandamientos que no se repite en el Nuevo Testamento.[9] Pero aun así, el *sabbat* permanece como sabiduría.

En el Nuevo Testamento no hay un mandamiento de comer alimentos, beber agua o dormir ocho horas cada noche. Eso es simplemente sabiduría: la forma en que el Creador diseñó el cuerpo humano y el mundo mismo.

Puedes saltarte el *sabbat;* no es pecado. Solo es una tontería.

Puedes comer hormigón; no es pecado. Solo es estúpido.

Puedes permanecer despierto varios días seguidos, como Josh Lyman en *El Ala Oeste de la Casa Blanca*. Adelante, Dios no está enojado contigo. Pero si lo haces largo tiempo, morirás.

En un momento dado, Moisés define el *sabbat* como un regalo.[10] Y eso es exactamente lo que es.

Me incomoda cuando escucho a la gente discutir si debemos guardar el *sabbat* o no, y qué día hacerlo. Algunos dicen que el sábado, como los judíos; otros dicen que el domingo, por la resurrección de Jesús; otros piensan que cualquier día está bien. Pero todo ese debate es un ejercicio de perder el enfoque. El punto es que el Creador organizó la creación de una manera concreta para que floreciera. Te diseñó de una forma exacta para que prosperaras. Y cuando guardamos el *sabbat*, nos conectamos con el ritmo de Dios para el florecimiento humano.

Técnicamente, el *sabbat* comienza veinte minutos antes de la puesta de sol del viernes y termina al caer la tarde del sábado (el día judío se mide de ocaso a ocaso). Pero la mayoría de los seguidores de Jesús lo guardan el domingo, ya que es el día de la resurrección del Mesías y también el día en que nos reunimos para adorar.

Para mí, el domingo es día de trabajo. Y es agotador. Me levanto temprano, me preparo para una jornada maratónica. Mi última enseñanza es a las ocho de la noche. Así que, cuando llego a casa alrededor de las once, voy arrastrándome por el suelo...

Bueno, no literalmente. Era una metáfora.

Así que seguimos la tradición de viernes por la noche a sábado al caer la tarde, pero solo porque funciona para nuestra vida. No creo que el día exacto importe. Génesis no dice viernes o sábado; simplemente dice «el séptimo». Y el escritor Pablo dijo: «Hay quien considera que un día tiene más importancia que otro, pero hay quien considera iguales todos los días. Cada uno debe estar firme en sus propias opiniones».[11] Supongo que la gente ha estado discutiendo sobre esto desde hace tiempo. Para nosotros, de viernes por la noche a sábado simplemente funciona muy bien.

Y para nosotros, el *sabbat* es, de lejos, lo mejor de la semana. Mis dos hijos más pequeños, Moses y Sunday, tienen cinco años, por lo que no tienen idea de cómo medir el tiempo. Mañana, en tres días o la próxima semana se les mezcla todo. Así que cada mañana me preguntan si es *sabbat* con una gran sonrisa infantil, llena de esperanza. Jude, que tiene nueve años y está fascinado con su nuevo reloj, cuenta los días toda la semana. Tres días hasta el *sabbat.* Dos días. ¡Mañana! Y llega sin ser una sorpresa. En Génesis, el *sabbat* es el clímax del ciclo de siete días. Ocurre en el día siete, no en el tres ni en el cuatro. No es una pausa para recuperarnos y luego «volver al trabajo». Más bien es lo contrario. Es la meta final, hacia donde se encamina toda la semana. El clímax es un día entero apartado para adorar.

Igual que el trabajo, cuando se hace bien, es un acto de adoración, lo mismo ocurre con el descanso. Puedes descansar como acto de adoración a Dios.

Incluso puedes descansar para la gloria de Dios. Cuando disfrutas del mundo como Dios lo pensó —con una taza de café, una siesta en una hamaca, una buena comida, tiempo con amigos—, eso glorifica a Dios. Señala la presencia y la belleza del Creador que nos rodea. Y cuando haces todo eso con un espíritu de gratitud, dejando que la bondad de tu mundo y de tu vida despierte en ti una conciencia de Dios y amor por Él, entonces el descanso se convierte en adoración.

Aunque guardar el *sabbat* consiste en imitar al Dios que trabaja y luego descansa, también es un día para recordar que nosotros no somos Dios. Tomamos un día libre y el mundo sigue funcionando perfectamente sin nosotros.

No somos tan importantes como pensamos.

El *sabbat* es un día para aceptar esta realidad, dejar que penetre en nosotros, apropiarnos de ella y celebrarla. Celebrar nuestra debilidad, nuestra mortalidad, nuestros límites. Celebrar a nuestro Dios de fuerza, inmortalidad y poder sin límites. Descansar con Él y descansar en Él.

Por eso, el *sabbat* es una expresión de fe. Fe en que hay un Creador y que es bueno. Nosotros somos su creación. Este es su mundo. Vivimos bajo su techo, bebemos su agua, comemos su comida, respiramos su oxígeno. De modo que en el *sabbat* no solo nos tomamos un día libre de la tarea; dejamos de afanarnos. Le entregamos todo nuestro miedo, nuestra ansiedad, nuestro estrés y nuestra preocupación. Soltamos. Dejamos de gobernar y dominar, y simplemente somos. Recordamos nuestro lugar en el universo. Para no olvidarlo jamás…

Hay un Dios y no soy yo.

El antifaraón

Bien, préstame atención. Apenas estamos arañando la superficie de la teología del *sabbat*. Ahora viene la parte realmente buena.

En el capítulo anterior dejamos a Moisés en el monte Sinaí, con los ya célebres Diez Mandamientos. Pero las Escrituras tienen mucho más que decir sobre el séptimo día.

Si llevas algún tiempo en la iglesia, lo más probable es que hayas escuchado la palabra *Torá*. Por lo general, cuando la gente habla de la *Torá*, se refiere a los cinco primeros libros de la Biblia:

Génesis,

Éxodo,

Levítico,

Números

y Deuteronomio.

Los Diez Mandamientos son solo el comienzo de la Torá. En total hay 613 mandamientos. Suelen tener la mala fama de ser meras reglas, pero en realidad son más bien un manifiesto de cómo debía vivir Israel como pueblo de Dios.

Ahora bien, lo más probable es que ya lo supieras. Pero aquí viene algo que quizá no sabías: en realidad, existen dos Torás.[1]

La primera proviene del monte Sinaí, y es la que leemos en Éxodo y Levítico. Se trata de una generación recién salida de Egipto, aún con el barro de los hornos de ladrillos entre los dedos de los pies. Dios habla desde lo alto de la montaña, presentando una visión de lo que significa ser humano en su nuevo mundo. Pero, tristemente, lo echan todo a perder. De manera estrepitosa. No obedecen sus mandamientos; en lugar de ello, repiten la vieja, gastada e inerte historia de Adán y Eva: pecan. Y así, en vez de ir directamente de Egipto a la tierra nueva de Dios, vagan por el desierto durante cuarenta años, hasta que todos mueren.

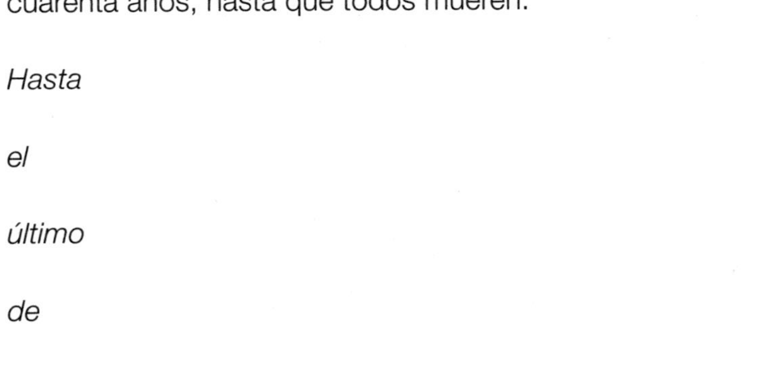

Hasta

el

último

de

ellos.

Esto es lo que ocurre cuando el pueblo de Dios peca, cuando ignoramos, menospreciamos o rechazamos de plano su Torá, su enseñanza. Cuando hacemos lo que nos da la gana.

Vagamos. Por el desierto. Terminamos con un GPS roto y una insolación desagradable.

No es manera de vivir, y mucho menos de morir.

En fin, volvamos a Israel. Cuatro décadas después, la primera generación ha desaparecido por completo y una nueva generación está lista para entrar en la tierra. El futuro es un lienzo blanco y brillante. Están justo a punto de lograr algo asombroso.

Fue entonces cuando se escribió Deuteronomio.[2] El nombre proviene de dos palabras griegas: *deutero*, que significa *segundo*, y *nomos*, que significa *ley*. Puede traducirse como «la segunda ley» o «la segunda Torá». Es, en esencia, un sermón. Moisés, ya anciano y a solo unos días de su muerte, vuelve a narrar la Torá a esta generación joven, inexperta, casi novata. Y, como suele ocurrir con los hombres ancianos, repite historias que ya conocemos, en particular la del monte Sinaí.

Así obtenemos dos versiones de los Diez Mandamientos: una en Éxodo 20 y otra en Deuteronomio 5. Son casi idénticas.

Casi.

Empiezan exactamente igual: «Observa el día sábado para santificarlo, tal como el Señor tu Dios te lo ha ordenado. Trabaja seis días y haz en ellos todo lo que tengas que hacer, pero el día séptimo será un día de reposo para honrar al Señor tu Dios. No hagas en ese día ningún trabajo, ni tampoco tu hijo, ni tu hija, ni tu esclavo, ni tu esclava, ni tu buey, ni tu burro, ni ninguno de tus animales, ni tampoco los extranjeros que vivan en tus ciudades. Así podrán descansar tu esclavo y tu esclava, lo mismo que tú».[3]

Así que, para los que de verdad quieran obligar a su buey a trabajar siete días a la semana, lo siento; llámame legalista si quieres, pero simplemente no se puede. No es una opción.

Ahora bien, en ambos mandamientos, la primera parte es indistinguible. Es casi idéntica. Pero terminan de manera muy distinta.

En el monte Sinaí, dice: «Pues en seis días el Señor hizo los cielos, la tierra, el mar, y todo lo que hay en ellos; pero el séptimo día descansó. Por eso el Señor bendijo el día de descanso y lo apartó como un día santo».

Así que, en Sinaí, el mandamiento del *sabbat* está arraigado en la historia de la creación. Descansamos porque Dios descansó.

Pero en Deuteronomio termina así: «Recuerda que fuiste esclavo en Egipto, y que el Señor tu Dios te sacó de allí con gran despliegue de fuerza y poder. Por eso el Señor tu Dios te ordena respetar el día sábado».[4]

Este es un nuevo giro. Aquí no se dice nada sobre la creación. En cambio, el mandamiento del sábado se fundamenta en la historia del éxodo.

En Sinaí, el sábado es una forma de arte. Se trata de entrar en el ritmo de la creación; en Deuteronomio, el sábado es un acto de desafío contra el faraón y sus capataces.

En Sinaí, es una manera de decirle *sí* a Dios y a su mundo; en Deuteronomio, es una forma de decirle no a Egipto y a su sistema.

En Sinaí, es una invitación a compartir el deleite de Dios; en Deuteronomio, es una advertencia para mantenerse lejos del estilo de vida egipcio.

Me encontré por primera vez con esta forma de pensar a través del erudito del Antiguo Testamento Walter Brueggemann, y fue revelador.

¿Por qué tendría que advertir Moisés a los exesclavos que nc volvieran a la esclavitud?

Porque Israel era propenso a la amnesia. Todos lo somos. Es fácil olvidar el pasado. Y así, el sábado se convierte en un memorial. En Sinaí, se mira hacia atrás, hacia el Edén; en Deuteronomio, se mira hacia atrás, hacia Egipto.

Y Egipto es un lugar al que nunca querrás volver.

En Egipto, los hebreos eran esclavos. Los esclavos no tienen sábado. Los esclavos son algo menos que humanos. Una mercancía que se compra y se vende. Su valor reside únicamente en lo que producen. Trabajan todo el día, todos los días, hasta morir.

El descanso no es una opción para un esclavo. El descanso es un subproducto de la libertad. Sin libertad, no hay descanso.

El lenguaje sobre el trabajo interminable y la falta de reposo recorre toda la historia del *Éxodo*:

«¿Por qué apartas al pueblo de sus labores? ¡Vuelvan a su trabajo!».[5]

«Ustedes los están apartando de sus tareas».[6]

«Háganles más duro el trabajo, para que se mantengan ocupados».[7]

«Entonces los capataces y los supervisores salieron y dijeron al pueblo: "Así dice el faraón: 'Ya no les daré paja. Vayan ustedes mismos a buscar la paja donde puedan encontrarla, pero no se les rebajará en nada la tarea'"».[8]

«Los capataces los apremiaban diciendo: "Cumplan su tarea diaria, lo mismo que cuando tenían paja"».[9]

«El faraón dijo: "¡Perezosos, eso es lo que son! ¡Perezosos! Por eso andan diciendo: 'Déjanos ir a ofrecer sacrificios al Señor'. ¡Ahora vuelvan a trabajar! No se les dará paja, pero deberán entregar toda la cuota de ladrillos"».[10]

(Por cierto, todo esto pertenece a un solo capítulo).

El faraón es implacable e incansable. Esta imagen cuasi divina del dios del sol Ra es tiránica. Despiadado y cruel.

No importa cuánto produzcas, nunca es suficiente. Vives bajo la sombra ominosa de la cuota diaria...

¡más!

¡más!

¡más!

Y no era solo el faraón exigiendo más y más. Era todo el sistema económico de Egipto. Israel no estaba simplemente fabricando ladrillos; estaba fabricando ladrillos para construir ciudades-almacén.[11] Ciudades enteras para que el faraón y su oligarquía guardaran su *exceso* de cosas.

El apetito de Egipto era voraz, insaciable. Nunca había suficiente pan, suficiente vino, suficientes bienes, suficientes servicios, suficientes ladrillos: era un sistema de *más*.

Y era un sistema construido sobre la esclavitud.

Para llegar al estilo de vida fastuoso, opulento y hedonista del faraón, había que sostenerse sobre los hombros de la mano de obra barata, que es una forma elegante de decir esclavitud. Resulta irónico que, cuando los economistas dibujan un esquema de la economía global, tenga exactamente la forma de las pirámides del faraón. Para que una pequeña minoría viva al estilo de Egipto —perdón, quise decir al estilo de Estados Unidos—, las masas son necesarias en la base, trabajando por casi nada. Mano de obra barata significa ropa barata, comida barata, bienes y servicios baratos, gasolina barata, tecnología barata, y así sucesivamente.

La esclavitud se parece mucho a un descuento de 30 %.

Piensa en el dicho: «Esta camisa fue una ganga*». Inquieta lo exacta que resulta esa expresión. Todo lo que disfrutamos cuesta algo. Y si no nos cuesta a nosotros, le cuesta a alguien más.

El faraón sigue vivo y coleando.

Es esa sensación de culpa en el estómago, esa voz en el fondo de tu mente que te grita: «Trabaja más duro, más rápido, más tiempo. Produce, produce, produce. Tu valor equivale solo a tu cuota diaria. ¡Haz más ladrillos!».

El abuso psicológico de esa voz es como un simulacro de ahogamiento para la mente.

Y no es solo el fantasma del faraón el que ronda nuestro mundo. Su sistema económico sigue prosperando. Ya no lo llamamos Egipto. Lo llamamos «capitalismo» o «comercio libre» o «consumismo» o «Black Friday» o «financiación al 0.7 %». Y es ubicuo. No puedes conducir por la carretera, hacer fila en el supermercado o abrir tu computadora sin que Egipto te grite: ¡Consigue más, posee más, ten más! ¿A quién le importa su procedencia? ¿Qué más da cuánto les cueste a los que están debajo de ti? Tú trabajas duro. Te lo mereces. Nunca tienes suficiente.

Ahora bien, no soy antiestadounidense. No tengo problema en afirmar que soy capitalista, no marxista. Pero en serio, esto ya se está volviendo ridículo.

* N. del T.: Se trata de un juego de palabras: "ganga" se traduce como steal, que también significa "robo".

Israel no es el único propenso a la amnesia. Algunos de nosotros queremos volver a Egipto. Lo extrañamos. Después de todo, Egipto es pésimo si eres hebreo, pero es bastante agradable si eres egipcio.

Hay un poco de faraón en todos nosotros. Nuestro deseo interminable de más. Y con ese deseo interminable llega la inquietud.

¿Recuerdas que dije que, antes de empezar a observar el *sabbat*, mi día libre era el peor de la semana? Más tarde me di cuenta de que una de las muchas razones por las que odiaba mi día libre era porque era adicto a la droga de la producción. Esa sensación estimulante, embriagadora, que se obtiene al lograr y acumular cosas. No hay nada como la satisfacción de haber cumplido con algo.

En mi día libre sufría abstinencia. Me sentía culpable: no importaba cuánto hubiera trabajado esa semana, escuchaba en mi cabeza la voz del faraón: «¡Holgazán, holgazán!». La tentación de revisar mi correo electrónico, de responder a ese mensaje, de pasar un minuto por la oficina o de adelantar un poco mi enseñanza para el fin de semana era abrumadora. Las sirenas de Homero no son nada comparadas con la atracción gravitacional de Egipto.

Y no se trataba solo de mi deseo de producir más, sino también de obtener más. Si no estaba tentado a revisar mi correo, estaba tentado a ir de compras. Era al mismo tiempo el oprimido y el opresor, el esclavo y el capataz. Estaba de regreso en el Egipto del faraón.

El *sabbat* consiste en dejar atrás Egipto. En emanciparse del dominio asfixiante del faraón. Se trata de libertad.

Los estadounidenses están trabajando más que nunca. Un estudio que leí recientemente decía que, entre 1973 y 1990, la semana laboral promedio aumentó de 41 a 47 horas. Y eso no suena tan mal, pero en ese mismo período, el tiempo dedicado al descanso disminuyó un 37 %.

En gran parte, esto se debe a la tecnología. Los llamados «dispositivos que ahorran trabajo» en realidad han disparado la cantidad de horas que trabajamos. Antes tenías que ir a la oficina o al lugar de trabajo. Ahora basta con estirar la mano y tomar el teléfono de la mesita de noche.

¿Recuerdas hace unos diez años, cuando salió al mercado la BlackBerry? (Para los más jóvenes, sé que es difícil imaginar un mundo antes del iPhone. Era duro). La gente la llamaba la «CrackBerry», y hubo todo un debate sobre los peligros de trabajar a todas horas del día y de la noche, y de estar conectado 24/7. Había personas que hacían locuras como revisar el correo electrónico en la mesa de la cena o desde el sofá de la sala.

Una insensatez, lo sé.

¿Por qué ya nadie habla de eso? A modo de aclaración: la situación está peor que nunca. Creo que se declaró un armisticio porque los amish no tenían posibilidad alguna frente al complejo militar-industrial global que son Apple, Twitter y compañía (diría alguien sarcásticamente mientras escribe en su MacBook Pro y tuitea cada pocas horas).

Es necesario que empecemos a hablar de la tecnología. No soy amish. La tecnología hace muchísimo bien. De hecho, soy de Silicon Valley. Pero, dicho esto, también existen los pecados de la tecnología.

Cada generación tiene sus puntos ciegos. Y estoy empezando a darme cuenta de que este es uno de los nuestros.

Tenemos que volver a aprender a apagar, desenchufar, desconectarnos, hacer una pausa y estar en un solo lugar a la vez. Olvidamos que no somos máquinas. No podemos trabajar 24/7.

En un mundo de adicción al trabajo, de tecnología incesante, de entregas con drones de Amazon.com y del bombardeo interminable del consumismo; en un mundo de derroche opulento y ocio, y de una «revisión» del sueño americano que ahora significa jugar golf en Florida todo el día o conducir tu Maserati por Beverly Hills... recalibrar nuestra vida al ritmo de trabajo y descanso es más importante que nunca. Tanto la falta de trabajo como el exceso de este nos roban la capacidad de disfrutar de Dios y de su mundo. Nos hacen menos humanos.

Así que, trabajamos más que nunca y tenemos más que nunca.

Representamos más del 22 % de la economía mundial, aunque solo somos el 4 % de la población del planeta.[12] Solo California produce más de dos billones de dólares al año, más que todo el PIB de Italia. Y tiene un 37 % menos de población que la tierra de la pasta y de la moda cara. Un economista lo explicó así: «Es un testimonio de la productividad superior y de clase mundial del trabajador estadounidense».[13] Ajá. Es una forma de decirlo.

Desde 1950, el ingreso per cápita de los estadounidenses se ha triplicado. El tamaño promedio de la vivienda en Estados Unidos ha aumentado en casi mil pies cuadrados, de unos 1,300 a 2,300. Pero el tamaño promedio de la familia se ha reducido a la mitad: de 4.32 a 2.58 personas.

¿En serio? ¿Quién tiene hoy 4.32 hijos?[14]

Pero a pesar de todo este crecimiento exponencial, estamos tan infelices como siempre. De hecho, peor. Gastamos unos 250 mil millones de dólares al año en medicamentos recetados. Los antidepresivos son la segunda receta más popular en EE. UU., después de los medicamentos para el colesterol. Una de cada diez personas toma antidepresivos en un momento dado. Más bien, una de cada cuatro a lo largo de su vida.[15] La enfermedad mental está explotando. El trastorno bipolar, la esquizofrenia, el TDAH: todos se han disparado de manera alarmante.[16]

Abraham Heschel dijo una frase muy acertada: «Hay felicidad en el amor al trabajo; hay miseria en el amor a la ganancia».

De modo que, resumiendo…

Trabajamos más que nunca,

tenemos más que nunca,

y somos desgraciados.

Es Egipto, otra vez.

Por eso Moisés llama a Israel a recordar que fueron esclavos en Egipto. Qué mandato tan extraño, ¿no? Los esclavos no olvidan que fueron esclavos, del mismo modo que los veteranos de Irak no olvidan que pasaron por el infierno. La trata de esclavos africanos ocurrió hace más de dos siglos, pero sigue fresca en nuestra memoria, una herida abierta en nuestra cultura. Y debería serlo. Fue algo atroz.

El mandato no consiste tan solo en recordar que fueron esclavos, sino en no olvidar que lo fueron. Es decir, que ya no lo son. Y eso, tristemente, es fácil de olvidar.

Igual que Israel, olvidamos que el faraón está muerto. Ya no hay capataces. Ya no hay cuotas. Somos libres. No tenemos que trabajar siete días a la semana. Nuestro valor ya no depende de lo que logremos. El propósito del trabajo no es ganar dinero para comprar más cosas; es cooperar con el Dios Creador en la tarea de dar forma al mundo, y luego dar un paso atrás y deleitarnos en nuestro mundo semejante a un jardín.

El *sabbat* es un acto de resistencia contra el faraón y su sistema. El ciclo egipcio de hacer ladrillos y construir ciudades-almacén es interminable. El *sabbat* es una manera de romper el patrón adictivo de lograr más, acumular más, repetir. Es un acto de desafío y rebelión contra la rutina interminable e inquieta del adicto al trabajo y al consumismo

El *sabbat* es una forma de decir ¡BASTA!

Basta de trabajo. El trabajo es algo bueno, pero no lo es todo. La vida es más que producción. Hay placer. El *sabbat* es una forma de romper nuestra adicción al logro. Un día a la semana cesamos de todo trabajo, no solo del que nos pagan. Descansamos incluso del pensamiento de trabajar.

Basta de cosas. No necesitamos más de lo que ya tenemos. El *sabbat* es una manera de romper nuestra adicción a la acumulación. ¿De verdad necesitamos otro par de zapatos?

Ahora bien, las cosas no son malas en sí mismas; no queremos caer en el dualismo. Dios creó el mundo y lo definió como «muy bueno». La comida, la bebida, un hogar, ropa para vestir, un coche para conducir... no son cosas malas. El problema es que siempre queremos más de ellas.

Los psicólogos tienen una expresión: «la cinta hedónica». En pocas palabras, significa que cuanto más obtienes, más quieres. El hedonismo —la «buena vida»— es una cinta de correr. Es como si siempre estuviéramos avanzando, pero sin llegar nunca a ninguna parte. Nunca alcanzamos la meta. Nunca sentimos que tenemos suficiente. El consumismo es un ladrón, un bandido. Da menos de lo que quita. Porque por cada cosa que consigues, aparecen diez más que ahora deseas.

Esto me pasa cada mes de enero, justo después de Navidad. Recibo un montón de cosas, sobre todo ropa. Pero entonces me doy cuenta de todo lo que todavía no tengo. Así que me compro unos *jeans*, pero necesito unos zapatos nuevos que hagan juego, lo que significa que necesito un cinturón nuevo que combine, porque el mío es negro y mis zapatos nuevos

son marrones. Pero ya que estoy en eso, debería comprarme una camisa nueva, porque en verdad me vendría bien.
Y cuando paso por la tienda de ropa para hombre, veo ese reloj… y ya estoy otra vez en la rueda del hámster.

El *sabbat* es una raya en la arena. Un disparo de advertencia: «Hasta aquí llegarás, y no más allá». No más trabajo. No más cosas. No más.

Basta ya.

No tengo que trabajar más.

No tengo que comprar más.

No tengo que vender más.

No tengo que ascender en la empresa.

No tengo que ganarme el amor de mi padre.

No tengo nada que demostrar.

No tengo que sacar una puntuación perfecta.

No necesito otro sello en mi pasaporte.

No necesito otra plaza en mi garaje.

No necesito ser más joven, más bello ni tener abdominales más planos (aunque, vaya, eso sí que estaría bien).

No necesito que mis hijos estén todo el año en ballet o en fútbol.

No necesito hacer feliz a todo el mundo.

No necesito obtener todo lo que deseo.

No hay cuota. Los únicos capataces son los que habitan en mi cabeza. Mi valor no proviene de lo que produzco, y mi gozo y mi paz no suben y bajan con mi patrimonio neto. El faraón ha muerto. Egipto quedó en el pasado. Ya no soy esclavo.

Soy libre.

Y ahora formo parte de un reino diferente, con un rey diferente.

El *sabbat* es un acto de resistencia contra el faraón y es un acto de alineamiento con YHWH, el Dios de Israel.[18]

YHWH no es un adicto al trabajo. Es un Dios que guarda el *sabbat*, que da el sábado, que manda el sábado. Un Dios que trabaja y un Dios que descansa.

El *sabbat* es una manera de decirle sí a YHWH. De silenciar la voz del faraón, de liberarnos de la atracción de Egipto y de sintonizar nuestra vida con YHWH, el Dios del descanso. Es una forma de recordar —y no olvidar jamás— que lo que anhelamos, lo que incluso codiciamos, no se encuentra en el mundo del espacio, sino en el mundo del tiempo: en Dios mismo. Esto no significa devaluar el mundo del espacio. No.

Este mundo es bueno. Se trata simplemente de ponerlo en su lugar adecuado. El mundo y todo lo que hay en él son dones para disfrutar, no dioses para adorar.

Eso es la idolatría: la búsqueda humana de tomar lo divino y reducirlo a una mercancía —algo hecho de madera o de piedra, algo que se puede comprar y vender, algo que se puede poseer o tener (y, como resultado, perder). La idolatría es cuando buscamos en la creación lo que solo podemos recibir del Creador. Pero Dios no es una mercancía. Él es Espíritu: intangible pero real, invisible pero verdadero. No tiene un ídolo. Lo más cercano que tiene somos nosotros, los portadores de su imagen.

Y para YHWH, no somos mano de obra barata. Somos colaboradores.

No hay cuotas, ni ciudades-almacén. Hay un Jardín.

YHWH no se parece en nada al faraón. Se parece mucho más a Jesús…

El Señor del *sabbat*

Para Jesús, el *sabbat* era un día para meterse en problemas.

Era un tanto alborotador. Un agitador. El Hijo del Hombre tenía un lado travieso. No te crucifican por ser alguien que busca agradar a todos.

Una y otra vez vemos a Jesús en los cuatro Evangelios enfrentándose con los fariseos —ese grupo rígido y conservador de religiosos de derecha— respecto al *sabbat*. Y el núcleo del debate era la sanidad en día de reposo. ¿Está bien sanar en el séptimo día? ¿O no? Dicho de otro modo: ¿sanar es trabajar? ¿O descansar?

El biógrafo Marcos cuenta esta historia de Jesús y sus discípulos caminando por un campo de trigo en *sabbat*. Los discípulos «empezaron a arrancar espigas», el equivalente del siglo I a picar algo. Mientras tanto, los fariseos estaban husmeando, observando a Jesús de lejos. Cuando ven a los discípulos comiendo espigas, le preguntan a Jesús: «Mira, ¿por qué hacen lo que está prohibido hacer en día sábado?».[1]

¿Prohibido?

¿Merendar era algo en contra de la ley?

Bueno, en la Torá no hay ley alguna que prohíba arrancar espigas. Lo único que dice la Torá es: «En (el sábado) no harás trabajo alguno».[2] Pero eso es un poco ambiguo, ¿no? Es decir, ¿qué es exactamente trabajo? Es más difícil de definir de lo que parece.

Y todavía más frustrante resulta precisar descanso.

Tomemos el ejercicio, por ejemplo. Yo soy corredor. ¿Correr es trabajo o descanso? A algunas personas, correr les da vida, es tan útil como una sesión de terapia, y además es gratis. Pero para otras, es algo entre Guantánamo y una endodoncia.

¿Y qué hay de la jardinería? Yo la detesto. Me encanta la comida sana, integral, natural y local, por supuesto, pero prefiero que otro la cultive. Sin embargo, conozco a muchas personas que aman la jardinería. Para ellas, es algo relajante.

¿Y qué me dices de la cocina? ¿De darse una ducha? ¿Salir a caminar? ¿Tocar el piano? ¿Es trabajo o descanso?

No siempre es obvio. Algunas cosas son claramente trabajo —como ir a la oficina, construir una casa o lavar la ropa— y otras son descanso evidente, como dormir, relajarse en una hamaca o leer un libro que te gusta. Pero hay muchas actividades que quedan en ese nebuloso punto intermedio. Entonces, donde no esté claro, hazte esta pregunta de seguimiento: *¿Esto me da vida?* Si te sientes descansado al hacerlo, y si lo sientes como una forma de adoración, ¡adelante!

Ahora bien, este tipo de libertad, de espacio y de elasticidad vuelve locos a los fariseos. Los fariseos son gente de reglas. (Lo sé bien: yo soy uno de ellos). Pensamos en los fariseos como fanáticos crueles y malvados, y en parte lo eran, pero en realidad empezaron con buenas intenciones. Surgieron tras el exilio, cuando Israel estaba en Babilonia. Incluso después de regresar a Jerusalén, fueron rápidamente conquistados de nuevo. En la época de Jesús estaban bajo la opresión romana. Estaban en su tierra, sí, pero seguían en el exilio. Y todos sabían que estaban ahí por haber quebrantado los mandamientos de Dios. Por eso, la filosofía básica de los fariseos era: si romper la Torá nos trajo esta desgracia, cumplirla debería sacarnos de ella. Por eso eran obsesivos con la Torá.

Para asegurarse de no transgredir algún mandamiento por accidente, hicieron algo llamado «poner una cerca alrededor de la Torá». Tomaban un mandamiento, como «Acuérdate del día de reposo para santificarlo», y añadían mandamientos adicionales —lo cercaban— simplemente para no violarlo sin querer. Mientras escribo esto, me encuentro en la costa de Oregón, en un pequeño pueblo que adoro llamado Pacific City. Justo frente a mi puerta está el Cape Kiwanda, una formación rocosa natural que se eleva cientos de pies hacia el cielo y se adentra en el Pacífico. Es mi lugar favorito en Oregón. Si subes a la cima del cabo, hay un cartel que dice: «¡Peligro! Aléjese del borde». Y también hay una cerca a unos tres metros del acantilado, por si no ves el cartel. Ahora bien, como no soy del tipo de persona que treparía la cerca para caminar justo al borde, no tengo ni idea de para qué está esa cerca...

De manera similar, los fariseos tomaron el mandamiento «Acuérdate del día de reposo» y construyeron una cerca alrededor de él. Añadieron docenas y docenas de reglas. Dividieron lo que era trabajo en treinta y nueve categorías: qué distancia podías recorrer, cuánto peso podías cargar, qué podías cocinar, y así sucesivamente.

En la época de Jesús, ya estaba escrita la ley de la Torá, con sus 613 mandamientos. Y, encima de eso, estaba la ley oral llamada la Mishná, con 1,500 reglas adicionales. ¡Mil quinientas!

A algunas personas les encantan las reglas.

Cuando los fariseos preguntan por qué los discípulos están haciendo algo «ilícito», no quieren decir que están quebrantando la Torá —jamás harían eso—, sino que están quebrantando la Mishná. Pero para Jesús, la Mishná eran simplemente reglas sobre reglas: algunas buenas, otras no tanto, pero todas inventadas por hombres, no dadas por Dios.

La respuesta de Jesús es profunda. Después de recordar la historia de cuando el rey David y sus hombres comieron el pan de la casa de Dios, dice:

«El sábado se hizo para el ser humano y no el ser humano para el sábado. Así que el Hijo del Hombre es Señor incluso del sábado».

Mucha gente malinterpreta a Jesús aquí. Leemos todas estas historias donde Jesús discute con los fariseos sobre el *sabbat*, y es fácil pensar que él estaba en contra del sábado. Como si el *sabbat* fuera legalista o simplemente parte de la Ley. Pero no olvidemos que el *sabbat* antecede a la Ley por miles de años. Es más un ritmo de la creación que una regla en un libro.

La realidad es que el *sabbat* es antiestadounidense, inconveniente, y siempre queremos una excusa para descartarlo.

Jesús no está en contra del *sabbat*. Lo que pasa es que, en algún momento, los fariseos perdieron el hilo. Perdieron de vista de qué trata realmente el *sabbat*. Se desincronizaron con el corazón de Dios. Y Jesús los está llamando de vuelta a las raíces del *sabbat*.

El *sabbat* es más un arte que una lista de cosas que hacer o no hacer. Sí, hay reglas. Y algunas reglas son saludables. «Conduce por el lado derecho de la carretera» es una gran regla (a menos que estés en Inglaterra). «No juegues con fuego» es otra gran regla. Algunas reglas son fuente de vida.

Así que, en *sabbat*, en mi familia, tenemos reglas.

Sí…

Dormimos hasta tarde.

Nos relajamos.

Pasamos tiempo en las Escrituras.

Oramos.

Comemos a lo largo del día.

Disfrutamos de la naturaleza: caminamos, vamos al parque, o a veces hacemos una caminata ligera.

Pasamos tiempo con amigos cercanos y con la familia.

No compramos ni vendemos (excepto comida, porque nos encanta salir a desayunar o a tomar un helado).

No tocamos nuestro correo electrónico.

No publicamos nada en redes sociales (porque tenemos los teléfonos apagados).

No hacemos recados ni nos ponemos al día con cosas de la casa.

No hablamos de temas pesados, tristes o divisivos; ya hay otros seis días en la semana para eso.

No hablamos de lo que tenemos que hacer. Descansamos incluso del pensamiento del trabajo.

No leemos una revista, no visitamos un sitio web ni vamos a una tienda que nos haga desear más cosas, porque en *sabbat* tenemos suficiente.

Pero estas «reglas» no son sofocantes ni rígidas; son flexibles, ligeras y amplias. Son las reglas de un arte, de una disciplina, de una forma de vida.

Al fin y al cabo, *shabat* en Génesis 2 es un verbo. El descanso es algo que se hace. Es una habilidad que se cultiva. E igual que surfear, cocinar o tocar el oboe, a nadie se le da bien la primera vez. Requiere tiempo y práctica.

Quizá toda esta conversación sobre el *sabbat* sea nueva para ti. Espero y oro para que, después de leer este libro, empieces a practicar el *sabbat*. Sinceramente, cambió mi vida, y creo que tiene el potencial de hacer lo mismo por ti. Pero te lo advierto: al principio puede ser un poco difícil. Puede parecer extraño, raro, incluso frustrante.

Hace unos años empecé a competir en triatlones. Un amigo de nuestra iglesia, Brian, había sido un triatleta profesional. Tiene el cuerpo de un dios griego y fue lo bastante amable como para entrenarme (yo, tristemente, no tengo el cuerpo de un dios griego). Lo principal que me enseñó fue a cambiar la cadencia de mi carrera: de zancadas largas, lentas y pesadas, a pasos cortos, rápidos y ligeros. Luego me entrenó para igualar mi ritmo de carrera con el de la bicicleta, de modo que, cuando me bajara de ella, simplemente pudiera seguir corriendo. Por fácil que suene, fue muy difícil cambiar. Aprender un nuevo ritmo nunca es fácil, pero vale la pena.

Brian tenía muchas reglas: mantén la barbilla arriba, corre apoyándote en la parte delantera del pie, espalda recta, mirada al frente, brazos en un ángulo ligero, y así sucesivamente. Pero no era un legalista pesado; era un entrenador. Quería que llegara a estar en la mejor forma de mi vida y que nadara, pedaleara y corriera mejor.

¿Ves hacia dónde voy?

Los judíos del primer siglo necesitaban escuchar la segunda parte de la enseñanza de Jesús: «El sábado fue hecho para el ser humano, y no el ser humano para el sábado». Ellos lo interpretaban al revés. El *sabbat* no es una norma fría y arbitraria que tenemos que obedecer. Es un arte que da vida y que tenemos la oportunidad de practicar.

Pero yo diría que los estadounidenses del siglo XXI necesitamos escuchar la primera parte de la enseñanza de Jesús: «El sábado fue hecho para el ser humano». El problema no es que tengamos demasiadas reglas sobre el *sabbat*; es que no tenemos ninguna. La gran mayoría de nosotros ni siquiera guardamos un *sabbat*. Amamos nuestro tiempo libre. Tomamos un fin de semana, un feriado, unas vacaciones. Nos encanta divertirnos, y eso está muy bien. Pero son muy pocos los que realmente toman un *sabbat,* un día dedicado únicamente al descanso y a la adoración.

Por eso tenemos que mirar más de cerca las historias sobre Jesús y el *sabbat*. De hecho, esta no ha acabado todavía. Después de su frase contundente respecto a que el *sabbat* fue hecho para el ser humano, Jesús entra en la sinagoga a enseñar. Por lo general, era donde se solía encontrar a Jesús en *sabbat*: con el pueblo de Dios. Ese sábado por la mañana había allí un hombre con una mano deforme. Ahora bien, Jesús estaba en la cuerda floja con los fariseos. Marcos escribe: «Algunos que buscaban un motivo para acusar a Jesús no le quitaban la vista de encima para ver si sanaba al enfermo en sábado».

Pero Jesús nunca ha sido de esquivar una pelea. Le dijo al enfermo: «Ponte de pie frente a todos». Así que, fuera lo que fuera que Jesús estuviera a punto de hacer, quería que quedara a la vista de todos; nada de trucos. Esto iba a ser público.

Entonces ordenó: «Extiende tu mano». El hombre la extendió, y «la mano le quedó restablecida». Fue un acto flagrante, en toda la cara, un desafío directo al sistema. Por eso: «Tan pronto como salieron los fariseos, comenzaron a tramar con los herodianos cómo matar a Jesús».

En serio, la gente religiosa puede llegar a estar loca.

Como dije antes, es fácil malinterpretar historias como esta, como si el punto principal fuera que el *sabbat* es una regla mala, legalista, que tenemos que abandonar. Pero eso pasa por alto el corazón de la historia.

Jesús era conocido en todas partes como sanador. La sanidad era una expresión tangible del reino de Dios irrumpiendo en el mundo. ¿Pero sabías que casi todas las sanidades de Jesús ocurrieron en *sabbat*?

No creo que sea una coincidencia.

¿Por qué? Porque el *sabbat* es un día para sanar.

Eso era cierto en el siglo I, y me atrevo a decir que lo sigue siendo hoy.

Jesús realiza parte de su mejor obra en *sabbat*. Y tiene todo el sentido: el *sabbat* trata de intimidad con Dios. Y la sanidad es una señal del amor de Dios por ti. ¿Qué mejor momento para que Jesús sane que en *sabbat*?

La verdad es que todos terminamos golpeados por la vida. Soy pastor, pero a veces me siento como un boxeador profesional. Al final de la semana, no solo estoy cansado: estoy dolorido, sensible, molido, hinchado y desgastado.

El *sabbat* llega a mi puerta como un médico; o mejor dicho, *el Señor del sábado* llega como un doctor para vendarme y restaurarme.

De modo que yo tengo mis reglas, pero lo único que hago es crear un ambiente donde sea fácil para Jesús hacer su obra de sanidad, semana tras semana tras semana.

Ahora bien, a riesgo de apagar tu creatividad, así es el *sabbat* para mí. Dudo un poco en escribir esto porque no existe una única manera «correcta» de guardar el sábado. Hay sabiduría, claro, pero también mucho espacio para respirar. Lo que da vida a un papá introvertido, lector y con tres hijos quizá no sea lo mismo para una estudiante extrovertida universitaria fan de Instagram, o para una pareja de mediana edad, o para un astronauta en la Estación Espacial Internacional (por si estás allá arriba leyendo este libro, ya sabes…). Dicho esto, así es un sábado para mí.

Como señalé antes, el día previo, el viernes, es lo que el escritor Juan denominó «el día de la Preparación».[3] Nos organizamos, hacemos las compras, planeamos, limpiamos, terminamos tareas pendientes… como si nos estuviéramos preparando para un día festivo. Es como tener Navidad una vez por semana. Las últimas horas del viernes por la tarde siempre son un poco estresantes, pero cargadas de mucha expectación.

Justo antes de que empiece el sábado, hago mi ritual previo. Entro a mi oficina en casa, limpio el escritorio, guardo mi lista de cosas pendientes, apago la computadora, desconecto el teléfono y lo meto todo en el armario.

Veinte minutos antes de la puesta del sol, nos reunimos en círculo en la sala, en familia. Seguimos algunas antiguas tradiciones del *sabbat*: Tammy y los niños encienden las velas del sábado. Yo sirvo el vino (tranquilos, jugo de uva para los niños) para el *kiddush*, una bendición ancestral. Leemos un salmo y luego hacemos una oración para invitar al Espíritu de Jesús a llevarnos a una postura de descanso y adoración.

Después comemos. Mucho. La cena se preparó más temprano ese día, así que lo único que tenemos que hacer es ponerla en la mesa y disfrutarla. Nos lo tomamos con calma. Hablamos del momento más especial de la semana. Invitamos a amigos o familiares. Repetimos plato. Postre. Más vino.

¡Es muy bueno!

Después de cenar, nos relajamos. Leemos. Nos sentamos junto al fuego en invierno. Salimos a caminar en verano. Antes de acostar a los niños, les leo un pasaje de las Escrituras.

Tammy y yo solemos pasar un rato, ya saben, de «calidad» juntos y nos vamos a la cama temprano. Lo llamamos «dormir al revés». Mi cuerpo ya está en un ritmo, así que para las nueve de la noche del viernes, ya voy camino a la cama. No hay televisión ni nada digital, así que la casa está tranquila y en paz.

Yo estoy tranquilo y en paz.

El sábado en la mañana me despierto… cuando quiero. No soy madrugador, así que por lo general no suele ser muy temprano. Simplemente dejo que mi cuerpo despierte cuando le apetezca. Pero después de acostarme tan temprano, me siento como un hombre nuevo.

Después de dar los buenos días a mi familia, preparo café (Chemex, por supuesto) y entro a mi estudio a leer. Empiezo por los Salmos, luego Jesús en los Evangelios, después el Antiguo Testamento y más tarde el Nuevo Testamento. Me tomo mi tiempo. No hay prisas. Pienso, oro, *escucho*. Normalmente leo un capítulo de *El sabbat*, de Heschel antes de salir.

Cuando termino, pongo a mis tres hijos en el sofá. Tomamos chocolate caliente y leemos un poco más de las Escrituras. Luego hacemos una oración, pidiendo la gracia de Dios sobre el día.

Antes hacía un poco de ejercicio ligero, pero ya no. Simplemente *descanso*.

Después de darme una ducha, nos vestimos con algo bonito y salimos caminando a un *brunch* o a comer donas en Blue Star, a la vuelta de la esquina. Pedimos lo que queremos. Comemos durante todo el sábado, y en lo que respecta a la dieta, todo vale. Después del *brunch* volvemos a casa. Los niños toman una siesta. T suele salir en bicicleta a tomar café con una amiga. Yo me tomo unas horas para dar rienda suelta a mi lado introvertido. Leo, escribo en mi diario y reflexiono sobre la semana que pasó y la que viene. Normalmente, paso la mayor parte de la tarde en el sofá con una novela.

Más tarde, juego con Legos con los niños o los llevo al parque, o lo que en ese momento parezca más vivificante.

Luego, cuando el día va terminando, salimos a lo que mi hijo Moisés llama «una caminata de oración». Simplemente paseamos por el vecindario y damos gracias a Dios por las últimas veinticuatro horas de paz. Cuando subo de nuevo las escaleras hacia nuestra casa, ya estoy esperando con ansias el próximo *sabbat*.

Y cada semana, a medida que el día se desarrolla, algo extraño y místico sucede. Más o menos entre las nueve y las diez de la mañana, recupero mi alma.

¿Qué es eso? ¿Será el *sabbat*? ¿Será simplemente el efecto nutritivo del sueño, el descanso, la buena comida y la ausencia de una lista de tareas pendientes? ¿O será algo más? ¿Será el Señor del *sabbat*?

Sí.

Son ambas cosas.

Fue Jesús quien dijo, y aquí cito la paráfrasis de Eugene Peterson: «¿Estás cansado? ¿Agotado? ¿Quemado por la religión? Ven a mí. Aléjate conmigo y recuperarás tu vida. Te mostraré cómo descansar de verdad. Camina conmigo y trabaja conmigo; observa cómo lo hago yo. Aprende los ritmos libres de la gracia. No pondré sobre ti nada pesado ni que no encaje contigo. Vive conmigo y aprenderás a vivir con libertad y ligereza».[4]

Jesús es la encarnación del *sabbat*. Él es el séptimo día en carne y hueso. En él podemos hallar descanso, no solo en el *sabbat*, sino a lo largo de toda la semana.

El erudito del Antiguo Testamento Walter Brueggemann dijo: «Las personas que guardan el sábado viven los siete días de manera diferente».[5] El sábado no es solo un botón de pausa: es un reinicio completo y total del sistema. Apagamos, dejamos que el motor se enfríe, que el ventilador se detenga, y luego reiniciamos. El sábado es la oportunidad de mirar nuestra vida de frente y afinarla en la tonalidad correcta. De asegurarnos de que nuestra existencia esté moldeada en torno a lo que realmente importa. Y cuando vemos cosas desajustadas en nuestra vida, nos volvemos a Jesús, y él viene y realiza su obra de sanidad sabática.

Nos cansamos en el cuerpo y en el alma. Necesitamos más que una tregua de veinticuatro horas del trabajo; necesitamos un encuentro con el poder sanador de Jesús.

Después de todo, el sábado no es más que una señal, que apunta hacia adelante, hacia el futuro…

Parte 3

La ciudad jardín

Vida después del cielo

¿Cómo vas?

¿Estás bien?

Ya casi llegamos al final, pero hay una cosa más que tenemos que tratar antes de terminar. Para que lo sepas de antemano: este capítulo es *clave*, esencial, vital, increíblemente importante. Si no entendemos esto, toda la estructura se viene abajo como un castillo de naipes.

La mayor parte de este libro ha estado mirando hacia atrás, a la creación, al Jardín, a Adán y a cómo llegamos hasta aquí. Pero, siendo sinceros, la mayor parte de la biblioteca que es el Nuevo Testamento está mirando hacia adelante, a la ciudad-jardín. No se trata tanto del lugar de donde venimos sino de hacia dónde vamos. Es casi como si los escritores del Nuevo Testamento se inclinaran hacia adelante con una esperanza neumática, estirando el cuello para ver lo que está justo más allá del horizonte.

Y todo esto me lleva a *este* libro. En esencia, ha tratado sobre el trabajo y el descanso, y de cómo son fundamentales para nuestra humanidad.

Pero seguramente hay preguntas que llevan un tiempo rondando en el fondo de tu mente: *¿Qué tiene todo esto que ver con la eternidad? ¿Hay alguna conexión entre mi trabajo, mi empleo, mi carrera en esta vida y lo que experimentaré en la próxima?*

Después de todo, como reza el dicho: «Al fin y al cabo, todo se va a quemar».

¿De verdad?

Si piensas así, no eres el único. La visión dominante del futuro, al menos en Occidente, es que Jesús volverá, juzgará al mundo y nos llevará a todos al cielo para vivir felices por siempre.

En esencia, esto es una teología de evacuación. El sentimiento es: «Salgamos de aquí y vayamos a otro lugar».

Si esto fuera cierto, si esa fuera la esperanza de Jesús, entonces surge la pregunta: ¿cuál es el sentido del trabajo? ¿Mucho menos descanso?

¿Por qué deberíamos tomar en serio nuestro empleo, nuestra carrera, nuestra vocación, nuestro llamado, nuestro arte, nuestra música, nuestra justicia o nuestra cultura si, al final, todo va a parar al basurero cósmico y nosotros nos vamos a una galaxia muy, muy lejana?

¿No tendría más sentido ganar simplemente lo suficiente para vivir como queramos, salir del trabajo, ir mucho a la iglesia y dar un poco de nuestro dinero extra a la «obra espiritual», para así lograr que la gente llegue al cielo cuando muera?

Después de todo, de eso se trata.

¿Verdad?

No exactamente.

Esa frase horrible «todo se va a quemar», procede de la lectura errónea de una carta escrita por Pedro, uno de los discípulos de Jesús. Yo diría que raya con lo herético. Como mínimo, es una distorsión de lo que Pedro afirmó en realidad. Escucha su declaración:

«Pero el día del Señor vendrá como un ladrón. En aquel día los cielos desaparecerán con un estruendo espantoso, los elementos serán destruidos por el fuego, y la tierra, con todo lo que hay en ella, será quemada».[1]

Ahí lo tienes. Blanco sobre negro. Los cielos y la tierra serán «destruidos».

Suena bastante claro. Jesús vuelve y es un Hiroshima mundial. Fin del juego. Que entren los coros de ángeles.

Sí, excepto que, en contexto, Pedro está volviendo a contar la historia del diluvio, y en el párrafo justo antes usa exactamente el mismo lenguaje. Dice que, en el diluvio, la tierra fue «destruida» por agua.

Pero todos conocemos esa historia. La tierra no fue destruida en el sentido de ser aniquilada o de dejar de existir; fue destruida en el sentido de limpiar la pizarra. Fue un reinicio global.

Por eso, Pedro continúa diciendo que la tierra y todas las obras hechas en ella serán «quemadas». En griego la palabra es *heurisko*, que significa *expuesta*, vista tal como realmente es o descubierta. Generalmente, se traduce como *hallada*.

Así que llegará un día en el que todas las capas de mugre, basura, injusticia, sangre y explotación serán consumidas, y la tierra será hallada, vista como lo que realmente es, lo que Dios siempre quiso que fuera.

Así como la tierra fue destruida por agua, volverá a serlo, pero esta vez por fuego.

Y, en la mente de Pedro, esto es algo bueno.

Su última línea es: «Pero esperamos cielos nuevos y tierra nueva, según sus Promesas, en los cuales mora la justicia».[2]

Así que no se trata del fin del universo de tiempo y espacio, sino de su sanidad radical. La esperanza de Jesús no es sobre otro lugar, sino de aquí mismo, en este planeta que él creó y llamó bueno desde hace tantos años.

Y esto podría suceder en cualquier momento. «El día del Señor vendrá como un ladrón», un asaltante en plena noche. Pedro está en vilo, esperando con ansias ese día.

Ahora bien, «el día del Señor» puede sonar como un lenguaje extraño para nosotros, pero en realidad era terminología común en el judaísmo del primer siglo. Judíos como Pedro y Jesús dividían la historia humana en dos edades o periodos de tiempo: «esta edad» y «la edad venidera».

Esta edad estaba marcada por el pecado y la rebelión humana: violencia, injusticia, enfermedad, dolor, sufrimiento, lo demoníaco y, en última instancia, la muerte.

Pero la edad venidera estaba marcada por el retorno al Edén, un regreso a como siempre debió ser: paz, justicia, florecimiento y vida eterna.

Y entre esta edad y la edad venidera estaba el día del Señor, una costura entre ambas épocas, un vuelco drástico y transformador del *statu quo*.

El profeta Joel dijo: «El sol se convertirá en tinieblas y la luna en sangre, antes que llegue el día del Señor, día grande y terrible».[3] Ahora bien, no lo tomes de manera literal. Proviene de un género literario altamente simbólico llamado *apocalíptico*. Es una forma de decir que será algo que sacudirá la tierra. Todo cambiará.

Pero aquí viene la mejor parte: la edad venidera sucede aquí, no en otro lugar.

Escucha la visión del profeta Isaías sobre la edad venidera:

> Presten atención, que estoy por crear
> un cielo nuevo y una tierra nueva.

No volverán a mencionarse las cosas pasadas
ni se traerán a la memoria.
Alégrense más bien y regocíjense por siempre,
por lo que estoy a punto de crear:
Estoy por crear una Jerusalén feliz,
un pueblo lleno de alegría…

Construirán casas y las habitarán;
plantarán viñas y comerán de su fruto…
Mis escogidos disfrutarán
de las obras de sus manos.
No trabajarán en vano
ni tendrán hijos para la desgracia;
tanto ellos como su descendencia
serán simiente bendecida del Señor.[4]

Fíjate en todo el lenguaje relacionado con el trabajo.

Cuando Isaías mira hacia el futuro, nos ve construyendo, sembrando, comiendo, bebiendo y rebosando de alegría.

Esto está muy lejos de cómo muchos pensamos en el futuro. La mayoría de las personas que conozco imagina el «cielo» como nada más que ocio: una combinación de culto eterno y vacaciones eternas. Pero eso es un reflejo de la cultura estadounidense, no de las Escrituras.

A estas alturas, tu imagen de Adán en el Jardín ya no debería ser la de alguien tomando el sol o descansando en bata, sino la de alguien transformando un bosque en una ciudad.

Fuimos hechos para trabajar, y trabajaremos para siempre. Y antes de que eso te entristezca, date cuenta: será en un mundo donde la maldición ha sido deshecha. El «trabajo penoso» habrá desaparecido. No «trabajaremos en vano». Nuestro trabajo será emocionante, divertido, desafiante, gratificante, fascinante, estimulante, significativo y hecho a la medida de quienes somos.

Y no solo nuestro trabajo, sino también nuestro descanso.

Otra profecía acerca de la edad venidera dice así:

> Sobre este monte, el Señor Todopoderoso preparará para
> todos los pueblos un banquete de manjares especiales,
> un banquete de vinos añejos,
> las mejores carnes y los vinos más selectos.[5]

Así que la edad venidera es un banquete, una fiesta, un día festivo con familia y amigos de todo el mundo.

El profeta Joel llega a decir:

> En aquel día las montañas destilarán vino dulce,
> Y de las colinas fluirá leche.[6]

Vaya, eso suena bien.

Amós dice algo parecido:

> «Vienen días», afirma el Señor,
> «en los cuales el que ara alcanzará al segador,
> y el que pisa las uvas, al sembrador.
> Vino nuevo goteará de las montañas
> y fluirá por todas las colinas...

Reconstruirán las ciudades arruinadas y vivirán en ellas.
Plantarán viñedos y beberán su vino;
Cultivarán huertos y comerán sus frutos».[7]

Fíjate en la perfecta integración de trabajo y descanso: reconstruir y vivir en ciudades, sembrar y cultivar, comer y beber, sin escasez alguna. Donde el segador no alcanza al que ara por la mucha abundancia que hay.

Y viviremos así por mucho, mucho tiempo.

Isaías lo dice de esta manera:

Sobre este monte rasgará
el velo que cubre a todos los pueblos,
el manto que envuelve a todas las naciones;
devorará a la muerte para siempre.[8]

La muerte morirá y nosotros trabajaremos y descansaremos para siempre.

Apúntame.

Fíjate en lo terrenal de esta poesía. Es porque la edad venidera sucede aquí, en la tierra.

Si esto te suena raro, no te sientas mal ni tonto, ni fuera de lugar. No eres el único. La mayoría de la gente, al menos en el Occidente moderno tardío, piensa en el futuro como un proceso en dos etapas:

Vida, aquí en la tierra, en un cuerpo.

Seguida de…

Vida después de la muerte, en el cielo o en el infierno.

Y esta es una esperanza gloriosa para los seguidores de Jesús. Ahora mismo estoy viendo morir a mi abuelo. Fue un hombre fuerte, enérgico, exitoso, amante del aire libre: corredor, excursionista, esquiador, explorador. Pero de repente le apareció una rara enfermedad genética en los pulmones, y su cuerpo, que tan bien cuidó todos estos años, se está desmoronando. Hace apenas dos años lo dejaban en helicóptero en la cima de Sierra Nevada para esquiar. Ahora no puede subir las escaleras. Le falta tanto el aire que apenas puede susurrar una frase. Es desgarrador verlo sufrir tanto, pero el abuelo Jack está en paz. Porque es un seguidor de Jesús. ¡Y saber que cuando muera, seguirá viviendo en la presencia de Dios es muy reconfortante! No tengo que temer, preocuparme ni llorar como si fuera una despedida para siempre, porque esta vida no es lo único que hay. Hay más.

Esta esperanza es inestimable.

Pero también está incompleta.

Al contrario de lo que muchos de nosotros pensamos, los autores bíblicos escriben sobre el futuro como un proceso de tres etapas:

Vida, aquí en la tierra, en un cuerpo.

Seguida de…

Vida después de la muerte, en el cielo o en el hades, con o sin cuerpo, no queda del todo claro.

Seguida de...

La resurrección.

Y aquí, amigos míos, es donde se pone interesante.
La resurrección es lo que ocurre después del cielo, cuando regresamos aquí, en cuerpo, sobre la tierra, y seguimos con la tarea de gobernar el mundo. Un erudito lo definió: «Vida después de la vida después de la muerte».[9]

Ahora bien, en la iglesia occidental solemos poner el énfasis en la segunda etapa: el cielo. Pero quizá te sorprenda saber que el Nuevo Testamento dice muy poco sobre la vida después de la muerte. De hecho, la frase común «ir al cielo cuando mueras» no aparece nunca en la Biblia. Jamás.

La mayoría de las veces se habla simplemente de «dormir», una manera de decir que los muertos siguen vivos en cierto sentido, pero están esperando la resurrección.

Y luego, en dos pasajes de las cartas de Pablo, leemos que al morir estamos «con el Señor»; de modo que, al parecer, «dormir» es una metáfora. En realidad estamos despiertos y conscientes de la presencia de Dios. Pero fuera de eso, Pablo no dice mucho más, excepto que será una experiencia muy buena.[10]

El único pasaje detallado sobre el cielo en el Nuevo Testamento está en Apocalipsis. Es literatura apocalíptica, así que no está claro qué es simbólico y qué es literal, pero, de cualquier modo, la visión de Juan sobre el cielo es muy distinta de como la mayoría lo imagina.

Después de pintar una visión impresionante de todo el cielo adorando a Dios en un trono en el centro del universo, escribe: «Vi bajo el altar las almas de los que habían sido muertos por causa de la palabra de Dios y por el testimonio que tenían. Y clamaban a gran voz, diciendo: "¿Hasta cuándo, Señor, santo y verdadero, no juzgas y vengas nuestra sangre en los que moran en la tierra?". Y se les dieron vestiduras blancas y se les dijo que descansasen todavía un poco de tiempo».[11]

Esto es como una bomba nuclear sobre cada libro y película popular sobre el cielo que conozco.

En Apocalipsis, los muertos están en el cielo, esperando la resurrección. Y, mientras tanto, miran hacia la tierra, ven la injusticia, sufren y claman a Dios: «¿Hasta cuándo?».

¿Hasta qué?

Hasta que Dios arregle las cosas en la Tierra.

Porque, al contrario del dicho popular, el cielo no es nuestro hogar. La tierra lo es. No la tierra como está ahora, sino la tierra como será en el futuro. Nuestra esperanza no es otro lugar, sino otro tiempo. Sí, como seguidores de Jesús, vamos al cielo cuando morimos, pero no nos quedamos *allí*. Si Jesús es un «boleto al cielo», como dice el predicador, es un billete de ida y vuelta, no solo de ida. Porque en la resurrección, regresamos.

Y ninguno de los autores bíblicos llama jamás «cielo» a este nuevo mundo al que volvemos.

Jesús lo denominó «la renovación de todas las cosas».[12]

Pablo lo llamó «el reino de Dios» y «la vida eterna».[13]

Pedro lo llamó «el tiempo en que Dios restaurará todas las cosas».[14]

Más tarde reutilizó el lenguaje del profeta Isaías y dijo: «Según su promesa, nosotros esperamos un cielo nuevo y una tierra nueva, en los que habita la justicia».[15]

El escritor Juan, retomando las palabras de Isaías y de su amigo Pedro, declaró: «Después vi "un cielo nuevo y una tierra nueva"».[16]

Haz una pausa por un momento. Mucha gente malinterpreta y cita mal esta frase. Aparece tres veces en la Biblia, así que es bastante importante que la entendamos bien.

En primer lugar, *cielo* no significa aquí el lugar donde habita Dios; simplemente se refiere al cielo o al universo. Es un eco directo de Génesis 1:1, el primer versículo de la Biblia: «En el principio, Dios creó los cielos y la tierra». Juan está diciendo que, en el futuro, Dios volverá a crear los cielos y la tierra.

En segundo lugar, la palabra *nuevo* en griego es *kainós*. Puede traducirse como *renovado*. Como cuando terminas de restaurar una casa antigua, un coche destartalado o un mueble viejo, y dices: «Está como nuevo». Esa es la idea.

Esto no significa que Dios deseche la tierra y empiece desde cero, sino de que Él la desnude hasta los cimientos, limpie todo lo roto, la mugre y el desorden, y la haga nueva otra vez.

Y en este mundo nuevo y renovado no estaremos tirados en una nube, con un taparrabos y cantando «Sublime Gracia» por milenios sin fin. Sinceramente, eso suena más al otro lugar...

¡Lee Apocalipsis! Los dos últimos capítulos de la Biblia tratan del futuro, del punto hacia el que se dirige toda la historia humana. Y la historia no termina con nosotros yéndonos al cielo, sino con el cielo invadiendo la Tierra. Vemos a Jesús y a sus seguidores que han muerto regresando del cielo para «gobernar sobre la tierra».

La imagen final no es una nube ni un arpa, ni Rafael con sus querubines flotantes; es una ciudad. Una ciudad con murallas, puertas, calles, viviendas, un río, un bosque y una cultura. Como dije antes, está revestida con un lenguaje sacado directamente de Génesis.

«Un cielo nuevo y una tierra nueva».

«El árbol de la vida».

«Ya no habrá más maldición».

«Ellos reinarán».

Así que no es solo una ciudad...

Es una ciudad-jardín.

Esto es lo que nos espera. No unas vacaciones eternas en el cielo, sino una eternidad de trabajo y descanso en este mundo completamente rehecho de arriba abajo por el Creador, gobernando la tierra, codo a codo con Jesús mismo, para siempre.

Esta es la esperanza de Jesús.

El pueblo del futuro

Demos un paso atrás, dejemos que se asiente lo hablado hasta ahora y reduzcamos todo a lo esencial.

Todo este discurso sobre el futuro tiene ENORMES implicaciones para nuestra forma de trabajar y descansar aquí y ahora.

Podríamos expresarlo así: nuestra escatología moldea nuestra ética.[1]

La escatología es un término técnico utilizado en teología; procede del término griego *eschaton,* que significa el final.

Escatología: la teología del final.

Y la manera en que veamos el final —la meta, el clímax, aquello hacia lo que toda esta historia se dirige— da forma a nuestra ética, a cómo vivimos hoy.

Da forma a lo que hacemos o dejamos de hacer para ganarnos la vida.

A lo que valoramos y a lo que nos resulta indiferente.

A cómo gastamos —o no gastamos— nuestro dinero.

A cuántas horas trabajamos cada semana.

A la frecuencia con la que descansamos, guardamos el sábado, o tomamos vacaciones.

Si piensas que vas camino del cielo —un lugar allá arriba en el firmamento, otro sitio, sin cuerpo, con una existencia «espiritual»— entonces es difícil no sentir que tu trabajo, tu carrera, la justicia o la renovación cultural en *este* mundo carecen de sentido.

Pero si lees las Escrituras y despiertas a la realidad de que tu esperanza está anclada en la resurrección, de que tu rumbo es la edad venidera... entonces todo cambia. Especialmente la manera en que ves el trabajo y el descanso.

Empecemos con el descanso...

El *sabbat* es un memorial, ¿recuerdas? Un recordatorio semanal de dos mundos: el que dejamos atrás y el que está por delante. Es una señal que apunta hacia el Jardín y hacia la ciudad-jardín.

Si esto es cierto, significa que no tenemos que hacerlo todo ahora. No tenemos que trabajar hasta agotarnos por completo, hasta quedarnos en los huesos y sin nada más que dar.

¿Y qué pasa con el famoso «solo se vive una vez»?

No, si eres seguidor de Jesús.

Tenemos toda la eternidad para vivir en el mundo de Dios. Viviremos otro día, otra semana, otro milenio. Sí, el tiempo es un bien precioso, pero somos inmensamente ricos: lo tenemos de sobra.

Así que cada sábado podemos descansar. Descansar de verdad, plena y honestamente. El mundo no se irá a ninguna parte.

Convertimos en nuestra meta aclimatar y sintonizar nuestro cuerpo y nuestra alma con el mundo del que venimos, vivir al compás apacible del Edén. Pero también hacemos de nuestra meta anticipar y ensayar el mundo que viene, vivir como viviremos para siempre: comiendo, bebiendo y disfrutando simplemente de la presencia de Dios.

El sábado es un destello de la vida que fue y de la vida que vendrá.

Ahora, pasemos al trabajo...

La esencia de seguir a Jesús es usar nuestro trabajo para cooperar con la invasión del cielo en la tierra.

Pienso en el final de 1 Corintios 15, el pasaje más largo sobre la resurrección y la edad venidera de toda la Biblia. Cincuenta y ocho versículos de escatología densa, intensa, compleja, profunda, técnica y explosiva. Y escucha el párrafo de cierre de Pablo, es el final de su sermón, sus «puntos de aplicación práctica»:

«Por lo tanto, mis queridos hermanos, manténganse firmes e inconmovibles, progresando siempre en la obra del Señor, conscientes de que su trabajo en el Señor no es en vano».[2]

Así que, para Pablo, lo que significa la resurrección es que nuestro «trabajo» y nuestro «esfuerzo» no son en vano. No son inútiles. Importan.

Claro, nosotros leemos «la obra del Señor» y «el trabajo en el Señor» y suponemos que Pablo se refiere a la evangelización o al trabajo misionero. Pero él no dice eso. Es ambiguo, impreciso, abierto a interpretación.

Apuesto a que es a propósito.

A lo que quiero llegar es a que toda esta escatología, todo este hablar del futuro, de la resurrección y de la edad venidera debería tener un efecto tectónico, decisivo e inspirador en nuestro trabajo aquí y ahora.

Podríamos decir tantas cosas sobre esto, pero aquí van cuatro pensamientos para concluir el libro.

Primero:

Es necesario decir que el buen trabajo vale la pena, aunque solo tenga relevancia en esta época y no repercuta en la edad venidera.

Hagas lo que hagas —cocinar, construir, enseñar, escribir, criar hijos, gestionar proyectos, cuidar colmenas—, si lo haces como acto de adoración a Dios y como expresión de amor y servicio a la humanidad, con eso basta.

El trabajo no es un medio para un fin; es un fin en sí mismo.

No puedo enfatizar esto lo suficiente. La mayoría de las personas en realidad no creen que su trabajo importe aquí y ahora. Por sí mismo. Pero es increíblemente cierto.

Si lo único que haces es llenar un tanque de gasolina para que alguien pueda ponerse en camino, o preparar una hipoteca para que alguien compre una casa, o vender una chaqueta para que alguien se mantenga abrigado, eso importa por sí solo. Y es suficiente.

En segundo lugar:

Nuestro trabajo en esta vida es práctica para nuestro trabajo en la vida venidera.

En un sentido, lo que hacemos ahora importa por sí mismo. No necesitamos añadirle nada ni adornarlo. Pero, en otro sentido, es práctica.

El filósofo Dallas Willard dijo que esta vida es «entrenamiento para reinar». Por cursi que suene, tiene toda la razón. Ahora mismo estamos aprendiendo las habilidades que necesitaremos para siempre en el nuevo mundo de Dios.

La Biblia comienza con Dios dándoles a los seres humanos una vocación, un llamado a gobernar, a cuidar de su creación y hacerla florecer, y después de un largo y extenso desvío a través de la historia humana, la Biblia termina con esa visión que por fin se cumple y sigue avanzando.

Apocalipsis —el último libro de la Biblia— está lleno de lenguaje de realeza...

«(Él) nos ha hecho un reino y sacerdotes».[3]

«Le daré el derecho de sentarse conmigo en mi trono».[4]

«Ellos reinarán sobre la tierra».[5]

«Ellos... reinarán con él por mil años».[6]

«Reinarán por los siglos de los siglos».[7]

Así que nuestra esperanza futura no radica solamente en que Jesús gobernará el universo. Lo hará, pero también reinaremos a su lado. Como lo expresó Pablo: «Si perseveramos, también reinaremos con él».[8]

Dios está buscando personas con quienes pueda gobernar el mundo. Y ahora mismo, nos estamos convirtiendo en ese tipo de personas.

Aprendiendo a luchar contra la pereza con trabajo duro, y contra el exceso de trabajo con el sábado.

Aprendiendo a manejar el dinero, el sexo y el poder.

Aprendiendo a lidiar con la tecnología y la información en la era digital.

Aprendiendo a vivir por encima de la tierra y no quedar aplastados bajo su peso ni caer presa de su seducción.

Y yo diría que no solo estamos aprendiendo las habilidades del carácter, sino también las del oficio.

Isaías y Amós fueron bastante claros: en la edad venidera «construiremos casas». Teóricamente, eso significa que necesitaremos arquitectos y contratistas, electricistas y plomeros, carpinteros y fabricantes de muebles, diseñadores de interiores y toda la lista que sigue.

Si eres arquitecto ahora y amas tu trabajo, lo disfrutas y sientes que eres bueno en ello, ¿quién dice que no lo amarás y lo harás para siempre?

Si es así, cada día que vas a trabajar y perfeccionas tu habilidad, no solo estás haciendo un mundo mejor ahora, sino que también estás aprendiendo las destrezas que, un día en el futuro, servirán para hacer el mejor mundo.

Te conviertas en quien te conviertas será lo que lleves contigo a la próxima vida. El dicho «No te lo puedes llevar» puede ser cierto respecto a las cosas —tu coche o ese par de zapatos nuevos tan bonitos—, pero es claramente engañoso. Sí te llevarás a la persona en la que te conviertas al futuro de Dios. Y quien eres es tu recurso más valioso.

No solo eso, sino que aquí va mi tercera reflexión:

Parte del buen trabajo que hacemos realmente perdurará en el nuevo mundo de Dios.

De verdad lo creo.

En Apocalipsis 14 leemos que los muertos «descansarán de sus fatigosas tareas, pues sus obras los acompañarán».[9]

¿Sus obras los acompañarán?

La palabra *obras* es *ergon* en griego. Por lo general se traduce como *trabajo*, pero también puede entenderse como *ocupación*.

¿Así que nuestro trabajo nos seguirá? ¿Tal vez incluso nuestra ocupación nos seguirá, más allá de la muerte y hacia la edad venidera?

Más adelante, en Apocalipsis 21, leemos sobre la ciudad-jardín, y Juan escribe: «Los reyes de la tierra le entregarán sus espléndidas riquezas... las riquezas y el honor de las naciones».[10]

Esta es, como poco, una afirmación enigmática, pero podría significar que todo buen trabajo —la acumulación de miles de años de creación cultural— será, de alguna manera, llevado a la Jerusalén renovada.

Miroslav Volf, el brillante filósofo y teólogo croata de Yale, lo expresa así:

«Los productos nobles de la ingeniosidad humana, todo lo que sea bello, verdadero y bueno en las culturas humanas, serán purificados de toda impureza, perfeccionados y transfigurados para convertirse en parte de la nueva creación de Dios. Formarán los "materiales de construcción" con los cuales se edificará el mundo glorificado».[11]

Para aclarar: no estoy diciendo que, si eres diseñador textil y tejes una alfombra, esa alfombra estará en la Nueva Jerusalén. No, a menos que sea a prueba de fuego. La tierra —y todo lo que hay en ella— será «destruida por fuego».

Pero sí estoy diciendo que, cuando imagino el futuro, me imagino viviendo en un hogar. Supongo que tendrá una o dos alfombras. Me imagino comiendo comida tailandesa, tomando un *latte* de leche de almendra, escuchando el «Preludio de la Suite núm. 1 en Sol mayor para violonchelo», andando en bicicleta, viajando en avión y deleitándome en todas las cosas buenas, bellas y verdaderas que los portadores de la imagen de Dios han creado a lo largo de los milenios de historia humana.

Todo el grafiti —lo malo, lo feo— desaparecerá para siempre.

Pienso en el capítulo 3 de la primera carta de Pablo a los Corintios. Para mí, es un poco un paradigma:

«Pero cada uno tenga cuidado de cómo construye, porque nadie puede poner un fundamento diferente del que ya está puesto, que es Jesucristo. Si alguien construye sobre este fundamento ya sea con oro, plata y piedras preciosas, o con madera, heno y paja, su obra se mostrará tal cual es, pues el día del juicio la dejará al descubierto. El fuego la dará a conocer y pondrá a prueba la calidad del trabajo de cada uno. Si lo construido sobrevive, el constructor recibirá una recompensa. Si se quema, el constructor sufrirá una pérdida, pero aun así se salvará».[12]

Esta es la visión de Pablo sobre el día del Señor y, al igual que Pedro, lo ve como un día de fuego, en el que todo lo que es feo desaparecerá y todo lo que es bello y verdadero se mostrará como lo que realmente es.

Obviamente, en contexto, este es un pasaje sobre la obra en la iglesia, sobre edificar al pueblo de Dios. Y puede que sea solo para eso. Pero sospecho que puede ampliarse a todo trabajo.

Hay mucho trabajo humano que, francamente, no sobrevivirá al día del Señor. No entrará en el nuevo mundo de Dios.

Cosas como…

La guerra

La violencia

La explotación de los pobres

La burocracia corrupta

El derroche opulento

El daño al medioambiente

La glotonería

La embriaguez

La obscenidad

El R&B

(Estoy bromeando con el último. Más o menos).

Todo esto será «consumido por el fuego». Y las personas que entregaron su vida a «madera, heno o paja» —ese tipo de trabajo que no es más que leña para la hoguera— no tendrán nada que mostrar por todo su esfuerzo y energía. Llegarán a entrar «al reino», pero por los pelos. Y con los bolsillos vacíos.

Sin embargo, por el lado positivo, la esperanza de Pablo es que parte del trabajo humano sobrevivirá al juicio y encontrará un lugar en la nueva creación. Que, de alguna manera —no tengo idea de cómo—, todo nuestro trabajo que sea «oro, plata, piedras preciosas», el tipo de trabajo que realmente importa, nos seguirá hacia la edad venidera. Dios encontrará la forma de tomarlo, purificarlo e integrarlo en su nuevo mundo.

El erudito del Nuevo Testamento, N. T. Wright, lo expresó así:

«Lo que haces en el presente —pintar, predicar, cantar, coser, orar, enseñar, construir hospitales, cavar pozos, hacer campaña por la justicia, escribir poemas, cuidar a los necesitados, amar a tu prójimo como a ti mismo— perdurará en el futuro de Dios. Estas actividades no son simplemente maneras de hacer que la vida presente sea un poco menos cruel, un poco más llevadera, hasta el día en que la dejemos atrás por completo (como el himno erróneamente lo plantea). Son parte de lo que podríamos llamar construir para el reino de Dios».[13]

Me encanta ese lenguaje: *construir para el reino de Dios*. Nosotros no podemos construir el reino; solo Jesús puede hacerlo. Pero sí podemos construir para el reino. Podemos hacer ladrillos, y Dios, el maestro constructor, encontrará la manera de integrarlos en su obra maestra.

Así que, para mi amigo Tony, el arquitecto, las casas que hace en esta vida no durarán para siempre, pero necesitaremos casas en el mundo venidero. Y cada diseño, cada idea, cada innovación, cada nueva tecnología verde y sostenible que él desarrolle tiene el potencial de seguirlo hasta la edad venidera.

Si eso no te motiva a querer ser realmente bueno en tu trabajo, no se me ocurre qué lo hará.

Y, por último...

Ten presente que todo buen trabajo realizado en esta época será recompensado en la edad venidera.

Hay mucha más continuidad entre esta edad y la venidera de lo que la mayoría de nosotros piensa. Existe una correlación directa entre cómo vivimos ahora y cómo viviremos para siempre. O, para ser más precisos, entre cómo gobernamos ahora y cuánto gobernaremos por toda la eternidad.

Una buena parte de las parábolas de Jesús trataban sobre el trabajo: comercio, negocios, dinero, administración, relaciones entre empleador y empleado, y cosas por el estilo. Y muchas terminan diciendo, básicamente, que la manera en que trabajas ahora tiene un efecto directo en cómo trabajarás en el futuro.

Pienso en la parábola de Lucas 19 sobre el «hombre de noble cuna» (léase: un rey) que se fue a un largo viaje. Antes de irse, entregó a cada uno de sus siervos una mina, una gran suma de dinero. Cuando regresó, pidió cuentas de su inversión.

El primer siervo se presentó y dijo: «Señor, tu mina ha producido cinco más».

¿Y qué responde el rey?

«Tú encárgate de cinco ciudades».[14]

Cinco minas, cinco ciudades.

Responsabilidad ahora, más responsabilidad después.

Así que hay una reciprocidad biunívoca entre cómo trabajamos ahora y el tipo de trabajo que haremos para siempre.

Claro, leemos esto y asumimos que «encargarse de cinco ciudades» es una metáfora, y probablemente lo sea. Pero ¿no es esto lo que Adán debía hacer desde el principio? ¿Gobernar? ¿Tomar un jardín y convertirlo en una ciudad?

¿Y si no fuera una metáfora?

De cualquier manera, el punto se mantiene: la recompensa por un trabajo bien hecho en esta edad no es una mansión ni un Maserati en el cielo, como si lo mejor que Dios pudiera ofrecer fuera ceder ante la perversión capitalista del sueño americano; es más trabajo y más responsabilidad en el nuevo mundo de Dios.

¡Y eso debería emocionarte! Trabajo libre de maldición, emocionante, satisfactorio. Y responsabilidad: la sensación de que lo que haces importa en el gran esquema de las cosas.

Aunque no sientas que tu trabajo sea ahora así. Aunque seas técnico sanitario, ayudante en una obra de construcción, parte del personal de limpieza en un hotel o cajero en Whole Foods. Tal vez ames lo que haces, tal vez lo odies. Quizá puedas cambiarlo, quizás estés atascado. Pero, de cualquier manera, puedes hacerlo por una recompensa.

Me encanta lo que Pablo escribe a los esclavos en Colosas:

«Hagan lo que hagan, trabajen de buena gana, como para el Señor y no como para nadie en este mundo, conscientes de que recibirán del Señor la herencia como recompensa. Es a Cristo el Señor a quien sirven».[15]

Ahora bien, Pablo no está aprobando la esclavitud aquí. Incluso si lo hiciera, la esclavitud en el Mediterráneo antiguo era totalmente distinta a la trata de esclavos afroamericanos o al tráfico humano que ocurre hoy en la India o en el sudeste asiático. No se basaba en la etnia y normalmente no era de por vida. Era más parecido a lo que imagino de la vida de un inmigrante indocumentado trabajando en una granja en algún lugar de California o Texas.

Aun así, ¿puedes pensar en un trabajo peor? Probablemente estaba lleno de rutina: limpiar el suelo, lavar los platos, deshierbar alrededor de la casa, trabajar en el campo… sin ningún control sobre lo que haces o dejas de hacer cada día.

Y es precisamente a los esclavos a quienes Pablo escribe: «Hagan lo que hagan, den lo mejor de ustedes, porque en realidad no están trabajando para un amo humano; están trabajando para el mismo Jesús».

Y además…

«Recibirán una herencia».

Es decir…

Dios recompensará todo trabajo hecho en su nombre. Incluso si no es glamuroso, atractivo, moderno o prestigioso. Aunque tu labor no consista en rescatar chicas de la trata, escribir música, enseñar en una universidad de la Ivy League o hacer cine, ese tipo de trabajo creador de cultura con el que solemos fantasear. Aunque tu trabajo sea lavar platos sucios en la trastienda de un restaurante barato, será recompensado mientras lo hagas para Jesús. No solo para cobrar un cheque haciendo lo mínimo hasta que acabe tu turno, sino como un acto de adoración y de servicio a Dios y a la humanidad.

Porque si eres fiel con tu única mina ahora, en el mundo venidero reinarás. Por fin podrás hacer el tipo de trabajo que amas. Mientras tanto, no te rindas. No cedas. Te espera una «herencia».

Así que, para terminar (y ahora sí lo digo en serio)…

Acabo de leer una gran historia sobre el compositor francés Olivier Messiaen y su famosa obra «Cuarteto para el fin de los tiempos». Fue escrita en el invierno de 1941. Messiaen fue capturado por los nazis y enviado al Stalag 8-A, un campo de concentración en Görlitz, Alemania. Mientras estaba prisionero, enfrentando un estilo de vida brutalmente cruel, pasó su tiempo leyendo los cuatro evangelios y el Apocalipsis. Como seguidor de Jesús, de alguna manera estaba lleno de esperanza para el mundo, justo en medio del infierno en la tierra. Cuando se dio cuenta de que había otros tres músicos famosos en el campo, consiguió cuatro instrumentos —un violonchelo con una cuerda rota, un violín maltrecho, un clarinete gastado y un piano con teclas atascadas— y compuso una increíble pieza de música de cámara. *The New Yorker* la llamó después «la música más etéreamente hermosa del siglo XX».[16] La interpretaron por primera vez en enero, en pleno campo de concentración, ante cientos de prisioneros y guardias, en medio del frío glacial. Messiaen comentaría más tarde: «El frío era insoportable, el Stalag estaba enterrado bajo la nieve, los cuatro intérpretes tocamos con instrumentos destrozados... pero jamás tuve una audiencia que escuchara con tan absorta atención».[17]

Te cuento esta historia porque no se me ocurre una imagen más dramática ni más apropiada del tipo de trabajo que estamos llamados a hacer de este lado de la resurrección.

Somos el pueblo del futuro en el presente.

Pablo dijo: «Si alguno está en Cristo, es una nueva creación».[18]

Así que la nueva creación está aquí ahora; está brotando por las grietas del pavimento y está comenzando por nosotros.

Somos la vanguardia, la señal anticipada de lo que vendrá para todo el mundo.

Trabajamos en el mundo presente —justo en medio del caos, la entropía, el sufrimiento y el dolor— para ofrecer un destello del mundo futuro, liberado del mal y de la muerte misma.

Y la esperanza es que, al hacer lo que hacemos, la gente vea nuestro trabajo y, temblando de frío, se acerque un poco más, escuche la música y, tal vez, solo tal vez, empiece a darse cuenta de que, en medio de toda la tristeza, el vacío y el trauma de esta vida, algo nuevo está gestándose, filtrándose desde el suelo, irrumpiendo en la historia.

O, como dijo una vez un maestro al que sigo: «El reino de los cielos está cerca».

Epílogo: Redefinición de la grandeza

Nacemos con un deseo de grandeza.

Salimos del vientre gritando por una vida con sentido, propósito y relevancia. Queremos dejar el mundo mejor de lo que lo encontramos. Que, de alguna manera, nuestro nombre permanezca mucho después de que dejemos de respirar.

Crecemos soñando con una vida que sea una historia digna de ser contada.

Pregúntale a un niño de cuatro o cinco años: «¿Qué quieres ser de grande?». Ninguno responde: «Quiero ser contable» o «Estoy pensando en seguros» o «Siento un llamado hacia el derecho fiscal».

Si lo hicieran, los llevaríamos a terapia. Rápido.

No, ellos dicen cosas como astronauta, policía o bailarina. En mi casa, ninja es una elección bastante popular, al igual que estrella de rock o caballero Jedi.

Mi punto es que, de niños, tenemos un deseo de hacer algo que importe.

En pocas palabras, queremos ser grandes.

Nadie quiere ser tan solo una huella de carbono y ocupar espacio. Nadie quiere simplemente pasar por la vida, trabajar en un empleo, comprar una casa, pagar impuestos, acumular cosas y luego jubilarse en un condominio en Florida con una suscripción a Comcast.

La mayoría de nosotros quiere más de ese breve soplo que es nuestra existencia.

Ahora bien, con los años, podemos ignorar este deseo, reprimirlo, negarlo o encerrarlo en el sótano hasta matarlo de hambre, pero es inquebrantable. No desaparece. Por mucho que intentemos aplastarlo, está ahí, desde nuestro primer aliento.

Piensa en la mitología de la cultura estadounidense.

¿Estás pensando: «Tenemos mitología»?

Por supuesto que sí.

Los griegos tenían a Zeus, Hércules y Poseidón; nosotros tenemos a Batman, Superman y los Vengadores. El mundo antiguo tenía la *Ilíada* de Homero; nosotros tenemos los cómics de DC.

Y los superhéroes son básicamente lo mismo:

Seres humanos,

con poderes especiales,

que sirven a los débiles

y salvan al mundo.

Es la misma historia con la misma fórmula, una y otra vez. Y la devoramos. A este paso, viviré para ver *Los Vengadores 7.*

¿Por qué? Creo que es porque la mitología conecta con lo más humano en nosotros. El primer ser humano fue un rey. Aunque nazcamos en la pobreza más absoluta, llevamos realeza en la sangre. Fuimos creados para gobernar el mundo. El llamado a la grandeza está en nuestro ADN.

De hecho, yo diría que el deseo de ser grandes fue puesto allí por el Creador mismo. Después de todo, fuimos hechos a su imagen.

El problema es que ese deseo, que en su estado embrionario e inocente es tan, tan correcto, rápidamente se deforma, se contamina y se tuerce por el ego.

Involucionamos desde el deseo de ser grandes al anhelo de que se nos considere grandes.

Del deseo de servir a los débiles al anhelo de ser servidos por los débiles.

Del de salvar al mundo al anhelo de poseerlo.

La iconoclasta cultural Madonna lo dijo mejor que nadie en su biografía:

«Tengo una voluntad de hierro, y toda mi voluntad siempre ha sido conquistar una horrible sensación de insuficiencia... Supero un período de eso y me descubro como un ser humano especial, y luego llego a otra etapa y pienso que soy mediocre y poco interesante... Una y otra vez. Mi impulso en la vida proviene de este horrible miedo a ser mediocre. Y eso siempre me empuja, me empuja. Porque aunque me haya convertido en Alguien, todavía tengo que probar que soy Alguien. Mi lucha nunca ha terminado y probablemente nunca terminará».[1]

Ella logra captar perfectamente el *zeitgeist* de nuestra generación. Nacimos en medio de la abundancia. Y con la abundancia viene la libertad de soñar. Si tuviera un dólar por cada persona que dice: «Soy un soñador», bueno, al menos podría salir a comer más seguido. Y esto no es algo malo, para nada.

Pero muchos de nosotros soñamos el tipo equivocado de sueños. Sueños planos, unidimensionales, anémicos, donde la historia trata solo sobre nosotros. Donde nosotros somos el héroe.

Todos quieren ser espectaculares.

La pregunta es: ¿cómo vivimos en esa tensión? Entre nuestros sueños infantiles de ser y hacer algo que importe y nuestros deseos más adultos, feos, de poder, control, fama, estatus de celebridad, otra casa, otras vacaciones, otra ventaja sobre el mundo. ¿Cómo nos aferramos a los deseos correctos —incluso ya de adultos— y, al mismo tiempo, expulsamos todos los demás?

Esta pregunta no es nueva. Los seguidores de Jesús la han estado planteando desde hace mucho tiempo.

Una de mis historias favoritas en los evangelios es aquella en la que los discípulos discuten sobre «quién era el más grande».[2] ¿Te imaginas cómo sería esa conversación?

—Yo debería ser el primero, soy el mayor.

—¡No, tú ni siquiera pudiste caminar sobre el agua por cinco minutos!

—Bueno, al menos lo intenté. Tú solo te quedaste sentado en la barca.

—Oigan, vamos, todos saben que yo soy su discípulo favorito. Hasta estoy pensando en escribir unas memorias.

Y de repente te das la vuelta y ahí está tu rabí, Jesús, mirándote con esa expresión, mezcla de ternura y fastidio.

Incómodo…

Pero la respuesta de Jesús no es la que yo esperaría:

«Jesús se sentó, llamó a los Doce y dijo: "El que quiera ser el primero deberá ser el último de todos y el servidor de todos"».

Fíjate que Jesús no reprende a los discípulos por su deseo de ser grandes. Yo esperaría que arremetiera contra Pedro y los demás, pero no lo hace. En cambio, redefine la grandeza.

La palabra *primero* también puede traducirse como *grande*. Jesús dice básicamente: «¿Desean ser grandes? Está bien, yo puse ese deseo en ustedes. Aquí está el cómo: conviértanse en siervos».

La palabra *siervo* es *diákonos*. Significa «el que sirve las mesas». Incluso puede traducirse como «mesero», como en un restaurante.

¡Qué ejemplo tan fascinante de grandeza! Podría haber dicho: «Sean como un rey, un guerrero, un revolucionario, un poeta, un artista, cualquier cosa». Sin embargo, escogió la palabra *siervo*.

Lo sorprendente de un siervo es que existe para hacer la vida de los demás mejor. Si somos honestos, la mayoría de nosotros vivimos al revés, yo incluido. Pero para Jesús, la palabra *grande* es sinónima de *siervo*.

Esto era inaudito en los días de Jesús. Era una sociedad estratificada, incluso más que la nuestra hoy:

Judíos y gentiles,

hombres y mujeres,

ciudadanos y no ciudadanos,

ricos y pobres,

amos y siervos.

Y los siervos estaban en lo más bajo de la escala social. Era un rol humillante, deshonroso.

En un momento dado, el filósofo griego Platón dijo: «¿Cómo puede un hombre ser feliz cuando tiene que servir a alguien?».[3] Estaba resumiendo el espíritu de la época. Pero, para Jesús, el camino a la felicidad, a «la vida que es verdaderamente vida», era a través del servicio a los demás.[4]

¿Alguna vez has notado que las personas egocéntricas y narcisistas suelen ser muy infelices, por no decir depresivas? Tristemente, lo sé por experiencia. Pero ¿también has notado que las personas que suelen enfocarse en los demás y ser más desinteresadas, por lo general, son muy felices? Eso no es una coincidencia. Es el camino de Jesús en acción. Cuando estamos decaídos, una de las mejores cosas que podemos hacer es servir a otra persona. Es la puerta trasera hacia la alegría. Y siempre está abierta.

Pero nadie pensaba así en el mundo antiguo. Y aún hoy, las cosas no han cambiado mucho. La mayoría de nosotros quiere ser grande para que otros nos sirvan. Jesús nos confronta. Él señala que la grandeza consiste en amar y servir a los demás.

Después de todo, el mundo mismo nació del seno del amor de Dios. Tenía tanto amor que no pudo contenerlo. Terminó desbordándose. Y Dios hizo el mundo, no para obtener algo de nosotros, sino como un regalo para que lo disfrutáramos, jugáramos en él e hiciéramos algo con él.

De la misma manera, cuando vivimos y trabajamos, no para sacar lo que podamos de otros, sino para amarlos y servirlos, estamos armonizando con el corazón mismo de Dios. Y una de las mejores formas en que podemos amar y servir a las personas es presentarnos a trabajar cada día. Y hacer nuestro trabajo, no para ascender, o ganar más dinero, o volvernos famosos, sino para amar y servir a Dios y al prójimo. Y cuando hacemos eso, empezamos a recuperar nuestra humanidad.

Esto es lo que Jesús quería enseñar a sus discípulos. Para reforzar su punto, Jesús acompañó su enseñanza con un recurso visual:

«Tomó a un niño pequeño y lo puso en medio de ellos. Lo abrazó y les dijo: "El que reciba en mi nombre a uno de estos niños, a mí me recibe; y el que me recibe a mí, no me recibe a mí sino al que me envió"».[5]

Entonces, ¿cómo se ve la grandeza en la vida real?

Un niño pequeño en el regazo de Jesús.

Ahora bien, recuerda: esto es la Galilea del primer siglo. No era como hoy. Nosotros vivimos en lo que un periodista llamó una «Kindergarquía»: una nación bajo el gobierno de los niños.[6] La mayoría de las veces, los niños obtienen prácticamente todo lo que quieren. Además, los idealizamos como ejemplo de asombro, inocencia y valentía.

Nada de eso era cierto en tiempos de Jesús. Los niños eran amados por papá y mamá, claro, pero estaban en lo más bajo de la escala social, justo al mismo nivel de los siervos.

Y entonces llega Jesús y dice que la grandeza se encuentra en servir a los demás; de hecho, en servir a los niños, a personas insignificantes y sin estatus. Personas en los márgenes de la sociedad.

Eso es grandeza.

Por supuesto, los discípulos no entienden la enseñanza de Jesús. No la captan. En la siguiente línea leemos: «"Maestro", dijo Juan, "vimos a uno que expulsaba demonios en tu nombre y tratamos de impedírselo, porque no es de los nuestros"».

Así que ven a un hombre expulsando demonios —algo que todos podemos coincidir en que es algo bueno— y se ponen celosos, inseguros, pretenciosos y manipuladores. Intentando cerrar su pequeña *start-up* de exorcismos.

Irónicamente, la historia inmediatamente anterior a esta trata de cómo los discípulos se suponía que debían expulsar a un demonio… pero no pudieron hacerlo.

¡Ay!

La raíz de esto es lo que los escritores de la Biblia llaman envidia. La envidia es cuando uno codicia la historia de otra persona. Lo que la avaricia es al dinero, la envidia lo es a la vida entera. Es cuando miras a un compañero de trabajo, a un hermano, a un amigo de la universidad o a una celebridad y piensas: *Quiero esa vida.*

Entonces empezamos a empujar con los codos, a trabajar horas extras, a estresarnos y tal vez incluso a mentir, engañar y luchar con uñas y dientes para adelantarnos a los demás. Pero es un ciclo vicioso, porque no importa cuán inteligente, educado, talentoso, exitoso, rico, famoso o atractivo seas, siempre habrá alguien más inteligente, mejor preparado, más talentoso, más exitoso, más rico, con más seguidores en Twitter o con abdominales más planos. Ojalá no ambas cosas.

Siempre habrá alguien mejor que tú.

Incluso si logras escalar hasta la cima de la montaña, la vida se convierte en un juego interminable de *Rey de la Colina*, y es solo cuestión de tiempo para que un joven ambicioso detrás de ti te derribe.

Por eso tantos vivimos con tedio, con angustia y con un leve resentimiento hacia el mundo, o al menos con un poco de desilusión. No importa lo que hagamos, nunca parece suficiente.

En serio, mi intención aquí no es deprimirte ni desanimarte de perseguir tus sueños; solo decir lo obvio: siempre vivirás a la sombra de alguien. Siempre.

Por eso la envidia le roba la alegría a la vida. Porque en lugar de disfrutar quién eres, lo que haces y la vida que tienes delante, codicias la historia de otra persona.

«Ojalá estuviera casado como Sarah».

«Ojalá fuera tan hermosa como Joy».

«Ojalá tuviera el trabajo de Tom».

«Ojalá fuera tan exitoso como Jack».

Y no importa en quién nos convirtamos ni cuánto logremos, siempre hay alguien que nos hace dolorosamente conscientes de nuestra insuficiencia.

«Vimos a alguien expulsando demonios en tu nombre y tratamos de impedírselo».

Esa frase, por cierto, aparece justo después de la enseñanza de Jesús sobre la grandeza. Cuando lees la historia en Marcos, la transición es brusca y torpe. Un minuto Jesús está enseñando sobre la grandeza con un niño en su regazo y dos segundos después los discípulos están acusando a un tipo por expulsar demonios.

¿Eh?

Es la manera en que el escritor nos dice: «No entienden nada».

Sería fácil hacer un chiste aquí, burlarse o ridiculizar a los discípulos por semejante estupidez. Pero ¿cuántas veces somos nosotros igual de ciegos y torpes? ¿Cuántas veces leemos las enseñanzas de Jesús sobre el sufrimiento y el autosacrificio, asentimos con la cabeza y decimos: «Sí. Claro. Ajá», y luego seguimos autopromocionándonos, chismeando, aparentando y discutiendo sobre quién es el más grande?

Afortunadamente, y una vez más, Jesús no reprende a los suyos. Más bien dice: «No se lo impidan... porque el que no está contra nosotros está a favor de nosotros».

Sorprendente. Jesús no quiere que ese hombre deje de expulsar demonios solo para apaciguar el ego de sus discípulos.

Luego añade: «Quien dé siquiera un vaso de agua fresca a uno de estos pequeños, por tratarse de uno de mis discípulos, les aseguro que no perderá su recompensa».

¿Y cuál es el ejemplo de Jesús de un trabajo digno de recompensa de parte de Dios mismo?

Un vaso de agua.

Un acto pequeño, insignificante, nada glamuroso, de amor y servicio.

Es fácil pensar que, para ser grandes y obtener una recompensa de Dios, tenemos que hacer algo de alto estatus. Tenemos que cambiar el mundo. Algo con calidad de TED Talk o de Premio Nobel de la Paz.

Y, con suerte, Dios recompensará ese tipo de cosas. Pero Jesús deja claro que también recompensará lo que nadie ve. El trabajo duro, rutinario e ingrato de las madres, los mecánicos, los maestros de segundo grado, los recolectores de basura y la mujer que hace tu tintorería. Trabajo que no recibe mucha atención ni aplausos.

La verdad, a veces me pregunto si las cosas de alto estatus quedarán sin recompensa, porque es tan fácil hacer lo correcto por todas las razones equivocadas: por dinero, por soberbia, para demostrarle algo a tu padre o para hacerte famoso.

Quizás soy solo yo. Pero no lo creo.

«El día del Señor», como lo llaman los escritores bíblicos, será la gran reversión. La inversión total del *statu quo*. Los ricos y famosos podrían desvanecerse en la oscuridad, y los desconocidos, humildes y tímidos podrían quedar al frente de la fila, si es que logras convencerlos de acercarse.

Nunca se sabe: los primeros podrían terminar siendo los últimos, y los últimos, los primeros. Siento que ya he escuchado esto en algún sitio.

Así que, para terminar…

Escribí este libro para inundar el motor de tus sueños con nitrógeno. Espero y oro para que su lectura te haya dado una inyección de visión, de valentía y de fe para dar el paso y hacer lo que sea que Dios tenía en mente el día en que pensó en crearte.

Ve a la escuela. Consigue tu doctorado.

Deja la escuela. Inicia un negocio.

Hazte cirujano o luchador profesional.

Múdate al centro de la ciudad y trabaja por la justicia en medio de la gentrificación. O múdate a Tribeca, gana mil millones de dólares y entrégalo todo al reino.

Invierte en tus hijos como si cada día fuera el último. Trátalos como los forjadores del futuro que realmente son.

Resuelve la crisis energética.

¿Podría alguien, por favor, inventar una alternativa al sobrecito de kétchup?

Si pudieras hacer cualquier cosa...

Eres un rey, una reina. Así que gobierna el mundo.

Persigue el sol más allá del horizonte y arrástranos al resto de nosotros contigo. Yo voy detrás de ti, todo el camino.

Solo recuerda una última cosa: si tus sueños giran únicamente en torno a ti es que son demasiado pequeños. Tienes que soñar a mayor escala. Más grande que tu empleo, tu carrera, tu patrimonio, tu nombre o tu cuerpo. Necesitas sueños tan grandes como la visión de Jesús sobre el reino.

Un reino donde la grandeza ha sido radicalmente redefinida en torno a un Mesías crucificado. Donde los niños son los invitados de honor. Donde los siervos lideran y los líderes sirven. Donde los últimos son los primeros.

Cualquiera que sea tu vocación, sea lo que sea que termines haciendo con tu vida, por favor, por favor, no lo hagas tú solo. ¡Esa es una forma de vivir demasiado gastada, un cliché, tan poco creativa! Ya hemos pasado por ello, ya lo hemos hecho. Es un desperdicio de oxígeno.

Haz tu trabajo como una expresión de amor y servicio, a Dios en última instancia y después a tu prójimo.

Tal vez ganes una enorme cantidad de dinero, o quizás solo tengas lo suficiente.

Tal vez tu nombre llegue a ser conocido en todo el mundo. Lo más probable es que no.

Quizás veas tu recompensa de este lado de la resurrección, o tal vez no hasta el siguiente.

Pero nada de eso importa. No es la razón por la que lo haces. Lo haces porque Dios te creó para hacerlo. Porque es bueno. Porque tiene un impacto en este mundo y en el venidero. Porque, a fin de cuentas, importa.

Así que, para cualquiera que lea este libro, dondequiera que estés, hagas lo que hagas, llegues a ser grande en el sentido pleno, profundo, verdadero y panorámico de la palabra.

Un vaso de agua a la vez.

Apocalipsis 21–22

Oí una potente voz que provenía del trono y decía: «¡Aquí, entre los seres humanos, está el santuario de Dios! Él habitará en medio de ellos y ellos serán su pueblo; Dios mismo estará con ellos y será su Dios...».

Se acercó uno de los siete ángeles que tenían las siete copas llenas con las últimas siete plagas. Me dijo: «Ven, que te voy a presentar a la novia, la esposa del Cordero». Me llevó en el Espíritu a una montaña grande y elevada, y me mostró la ciudad santa, Jerusalén, que bajaba del cielo, procedente de Dios. Resplandecía con la gloria de Dios y su brillo era como el de una piedra preciosa, semejante a una piedra de jaspe transparente. Tenía una muralla grande

y alta, y doce puertas custodiadas por doce ángeles en las que estaban escritos los nombres de las doce tribus de Israel. Tres puertas daban al este, tres al norte, tres al sur y tres al oeste.
La muralla de la ciudad tenía doce cimientos en los

que estaban
los nombres de
los doce apóstoles
del Cordero.
El ángel que ha-
blaba conmigo
llevaba una vara de
oro para medir la
ciudad, sus puertas
y su muralla. La ciu-
dad era cuadrada;
medía lo mismo de
largo que de ancho.

El ángel midió la ciudad con la vara y midió doce mil estadios: su longitud, su anchura y su altura eran iguales. Midió también la muralla que tenía ciento cuarenta y cuatro codos, según las medidas humanas que el ángel empleaba. La muralla estaba hecha de jaspe y la ciudad era de oro puro, semejante a cristal pulido. Los cimientos de la muralla de la ciudad estaban decorados con toda clase de piedras preciosas: el primero con jaspe, el segundo con zafiro, el tercero con ágata, el cuarto con esmeralda, el quinto con ónice, el sexto con rubí, el séptimo con crisólito, el octavo con berilo, el noveno con topacio, el décimo con crisoprasa, el undécimo con jacinto y el duodécimo con amatista. Las doce puertas eran doce perlas y cada puerta estaba hecha de una sola perla. La calle principal de la ciudad era de oro puro, como cristal transparente. No vi ningún templo en la ciudad, porque el Señor Dios Todopoderoso y el Cordero son su templo.

La ciudad no necesita ni sol ni luna que la alumbren, porque la gloria de Dios la ilumina y el Cordero es su lumbrera. Las naciones caminarán a la luz de la ciudad y los reyes de la tierra le entregarán sus espléndidas riquezas. Sus puertas estarán abiertas todo el día, pues allí no habrá noche. Y llevarán a ella todas las riquezas y el honor de las naciones. Nunca entrará en ella nada impuro, ni los idólatras ni los farsantes, sino solo aquellos que tienen su nombre escrito en el libro de la vida, el libro del Cordero. Luego el ángel me mostró un río de agua de vida, claro como el cristal, que salía del trono de Dios y del Cordero y corría por el centro de la calle principal de la ciudad. A cada lado del río estaba el árbol de la vida, que produce doce cosechas al año, una por mes; y las hojas del árbol son para la salud de las naciones. Ya no habrá maldición. El trono de Dios y del Cordero estará en la ciudad. Sus siervos lo adorarán; lo verán cara a cara y llevarán su nombre en la frente.

Ya no habrá noche; no necesitarán luz de lámpara ni de sol, porque el Señor Dios los alumbrará. Y reinarán por los siglos de los siglos.

Notas

Bienvenido al arte de ser humano

1. Tomen nota, San Francisco y Melbourne.
2. Lo más probable es que no me pueda sentar a tomar una taza de café contigo, a menos que vivas en mi ciudad, pero mi primer libro trata de esto y, básicamente, debo afirmar que todo lo que tengo que decir está contenido allí. Se titula *My Name is Hope: Anxiety, Depression, and Life After Melancholy* [Mi nombre es Esperanza: ansiedad, depresión y vida después de la melancolía] (Portland: Graphe Publishing, 2011). Puedes conseguirlo en Amazon.com.
3. Dicho esto, cada vez son más los doctores y los psiquiatras que están cambiando su forma de pensar por una visión mucho más holística. Para una lectura vertiginosa (y aterradora) sobre la polémica, busca el libro *Anatomy of an Epidemic: Magic Bullets, Psychiatric Drugs and the Astonishing Rise of Mental Illness* [Anatomía de una epidemia: panaceas, drogas psiquiátricas y el asombroso aumento de la enfermedad mental] de Robert Whitaker (Nueva York: Random House, 2010).
4. Este es un ejemplo de sarcasmo. No será el último de este libro.
5. Perdóname por degenerar en estereotipos que todos odiamos. Pero creo que este es básicamente verdadero.
6. Esta línea está tomada del fantástico libro de Tom Nelson *Work Matters: Connecting Sunday Worship to Monday Work* [El trabajo importa: Conectando la adoración del domingo con el trabajo del lunes] (Wheaton, IL: Crossway, 2011), 15.

7. 1/24 para ser exacto, sin contar los días que duermo en exceso, algo que nunca ocurre...
8. Si quieres ponerte técnico, aquí tienes una cita de un erudito de primera clase, J. Richard Middleton: «Un jusivo hebreo con un *wāw* no convertido (*wĕyirdû*, y que gobiernen) que sigue a un cohortativo (*na-'ă-śeh,* hagamos) expresa siempre la intención o el objetivo de la perspectiva en primera persona (singular o plural) representada por el cohortativo. En otras palabras, la sintaxis apunta a «gobernar» como propósito, no solo la consecuencia o el resultado del *imago Dei*». *The Liberating Image: The Imago Dei in Genesis 1* [La imagen liberadora: El Imago Dei en Génesis 1] (Grand Rapids: Brazos, 2005), 53.

Reyes y reinas

1. Génesis 1 v. 1.
2. Esto se encuentra en el versículo siguiente, Génesis 1 v. 2.
3. Génesis 1 v. 31.
4. Esto es en realidad Génesis 2 v. 2, pero es el final de la primera historia de la Biblia.
5. Aunque, tristemente, así los leen muchos estadounidenses.
6. Esto está muy por encima de mi nivel salarial, pero me gusta la teoría del erudito del Pentateuco John Sailhammer. Básicamente, su opinión es que Moisés era como un realizador de documentales. Reunía todo tipo de fuentes —orales y escritas— hasta conseguir una historia cohesionada, y después añadía todo su material propio. Más tarde, probablemente en torno a la época del exilio, o incluso después de este, un editor lo revisó y lo actualizó para el canon. A muchos les gusta pensar que Esdras fue el editor, pero no tenemos forma de saberlo. Esta teoría tiene, para mí, todo el sentido. Para saber más, lee el libro de John Sailhamer *The Meaning of the Pentateuch: Revelation, Composition and Interpretation* [El significado del Pentateuco: Revelación, Composición e Interpretación] (Downers Grove, IL: InterVarsity, 2009). Una erudición increíble.
7. El mejor libro que he leído sobre esto es el de Richard Middleton *The Liberating Image* [La imagen

liberadora]. Es un poco grueso, pero es lo mejor que he leído sobre la imagen de Dios.

8. Génesis 1 v. 26-27.

9. Ra era también la deidad nacional de Egipto. Asimismo, el nombre *Ramses,* popular en la literatura y las películas sobre Faraón, significa «Ra fue quien lo engendró».

10. De nuevo, ver el libro de J. Richard Middleton *The Liberating Image* [La imagen liberadora].

11. Tónicamente, *pensamos* que de aquí es de donde sale ese dicho. En realidad, no estamos del todo seguros. De un modo u otro, mi punto de vista sigue siendo válido. Aquí tienes un artículo interesante al respecto: Johathan K. Crane, «Put he Kibosh on It: Ethics Scholar Reflects on Language and Environmental Consequences» [Da al traste con esto: Reflexiones de un erudito en ética sobre el lenguaje y las consecuencias ambientales], *Emory University Center for Ethics* (23 de septiembre de 2011), http://emoryethics.blogspot.com/2011/09/put-kibosh-on-it-ethics-scholar.html.

12. Génesis 4 v. 17.

13. Génesis 4 v. 20-21.

14. También Génesis 4 v. 20.

15. Génesis 9 v. 20.

16. Génesis 9 v. 21.

17. Génesis 19 v. 30-38.

18. Génesis 4 v. 23.

19. Génesis 4 v. 1-20.

20. Éxodo 3, Éxodo 19 y 1 Reyes 19.

21. 1 Corintios 15 v. 21, 45.

22. Esto es Romanos 5 v. 14 en el N. T. Traducción de Wright de *The Kingdom New Testament: A Contemporary Translation* [El Reino en el Nuevo Testamento: Una traducción contemporánea] (Nueva York: HarperCollins, 2011).

23. Romanos 5 v. 17.

24. Gracias a N. T. Wright por enseñarme esto y un montón de cosas más. En serio, su libro *After You Believe: Why Christian Character Matters* [Después de creer: Por qué importa el carácter cristiano] (Nueva York: HarperCollins, 2010) tiene mucho material basado en esta idea.

25. El primer teólogo que observó lo que Pablo pretendía fue Ireneo, padre de la iglesia primitiva, quien escribió pocos años después del Nuevo Testamento. Creció en la iglesia de Pablo y tenía una visión perfecta de lo que el apóstol quería decir. Lo denominó como «teoría recopilatoria de la expiación». Es una forma elegante de afirmar que lo que Dios estaba haciendo por medio de la muerte y resurrección del Mesías era una «recapitulación» o un resumen de lo que se suponía que Adán debía de haber hecho, reinar o gobernar. Es una faceta de la expiación a la que, en general, se resta importancia.

26. Apocalipsis 1 v. 5 y 19 v. 16.

27. Marcos 16 v. 19.

28. Resulta fácil por todo lo que se habla en la iglesia sobre cómo somos salvos por fe, *no* por obras, para conducir a una visión negativa y distorsionada de las obras en general. Y aunque es cierto que somos salvos por la obra de Jesús y no por las nuestras, eso solo es el principio. A partir de ahí, se nos dice «lleven a cabo su salvación con temor y temblor». Encarnamos el camino de Jesús.

Un lugar llamado Delicia

1. Génesis 1 v. 27.

2. Génesis 1 v. 28.

3. Dr. Tim Mackie, la leyenda. El único profesor que sé que va en *skateboard* al trabajo.

4. Todo esto ha sido tomado de Génesis 2 v. 5, 7, 8, 15.

5. Para aclararlo todo, no es el único término usado para *adoración* en la Biblia hebrea. En la mía, la versión NVI, *abad* se traduce como *adoración* en 52 de 285 ocasiones.

6. Génesis 2 v. 8-16. Cursivas añadidas.

7. Esto está tomado del libro de Tim Keller, *Every Good Endeavor: Connecting Your Work to Gods's Work* [Toda buena obra: Conectando tus obras con la obra de Dios] (Londres: Hodder & Stoughton, 2012), 59, que inspiró toda esta sección. Gracias a Keller por ser Keller.

8. Toda esta página es mi reelaboración de la definición que Tim Keller hace del trabajo. Es una de mis partes favoritas de su brillante libro.

9. La primera vez que me vi frente a esta forma de pensar fue en el libro de N. T. Wright, *After You Believe: Why Christian Character Matters* [Después de creer: Por

qué importa el carácter cristiano] (Nueva York: HarperCollins, 2010).

10. Y esto solo en el primer párrafo de Apocalipsis 22.

11. 1 Corintios 3 v. 6.

12. Esto pertenece a 1 Corintios 3 v. 9 de la Biblia *Holman Christian Standard Bible.* Cada traducción es un poco diferente.

Desenterrar el llamado

1. Sí, esto es superinteresante. Puedes consultar https://www.census.gov/popclock/. Tienen una actualización segundo a segundo sobre la población del mundo. Hazlo. Es divertido.

2. Hoy estoy devorando *Stumptown* (serie de televisión estadounidense de drama policiaco).

3. Juan 10 v. 10.

4. Gran parte de esta sección se inspiró en Parker J. Palmer, *Let Your Life Speak: Listening for the Voice of Vocation* [Deja que tu vida hable: Escucha la voz de la vocación] (San Francisco: Jossey-Bass, 1999). Una obra increíble.

5. 1 Tesalonicenses 4 v. 11.

6. De Frederick Buechner, *Wishful Thinking: A Theological ABC* [Ilusiones: Un ABC teológico] (Nueva York: Harper & Row, 1973), 95.

7. Tomado de Lucas 6 v. 27-28. También se encuentra en el Sermón del Monte en Mateo. Obviamente es un tema complejo, emocional y divisivo sobre el que los seguidores de Jesús no concuerdan. Para una visión fantástica de la enseñanza bíblica sobre la violencia, leer *Fight: A Christian Case for Non-Violence* [Lucha: Una defensa cristiana de la no violencia] de Preston Sprinkle (Colorado Springs: David C. Cook, 2013). Lo recomiendo plenamente.

8. A esta forma de pensar se la define en teología como «providencia meticulosa». A veces se abrevia como «soberanía de Dios». Por lo general, se encuentra en el hipercalvinismo. Discrepo en gran medida.

9. Proverbios 11 v. 14.

10. Palmer, *Let Your Life Speak: Listening for the Voice of Vocation* [Deja que tu vida hable: Escucha la voz de la vocación] 7–8. Tan, tan, taaan bueno. Ha inspirado *una grandísima* parte de este capítulo.

Todo es espiritual

1. Esta ha sido mi cita obligatoria de *Princess Bride* (película estadounidense).
2. El término *pnuematikos*, o *espiritual* aparece en el Nuevo Testamento, sobre todo en los escritos de Pablo. Pero no se usa como solemos usarlo nosotros. La mayoría de las personas piensan que *espiritual* significa esotérico, inmaterial, experiencias inmateriales, de otro mundo, enigmáticas o profundamente místicas con Dios. Pero en la teología de Pablo significa «animado por el Espíritu de Dios». Del término raíz *pneuma*, de donde obtenemos la palabra *neumático*. Es la presencia impulsora, empoderadora en nosotros para hacer aquello que somos llamados a hacer, en la Tierra. No tiene nada que ver con lo material/inmaterial. Por ello, en 1 Corintios 2 pone a todos los seres humanos en dos categorías. Los «espirituales» son todos los seguidores de Jesús que tienen su Espíritu; todos los demás *no* son espirituales. Fascinante.
3. Este lenguaje procede del DVD de la gira de Rob Bell *Everything Is Spiritual* [Todo es espiritual] (Grand Rapids: Zondervan, 2007).
4. Aunque trágicamente así siguen pensando muchos cristianos estadounidenses. *Por favor,* lee la obra de N. T. Wright *Surprised by Hope: Rethinking Heaven, the Resurrection, and the Mission of the Church* [Sorprendido por la esperanza: Replanteamiento del Cielo, la resurrección y la misión de la Iglesia] (San Francisco: HarperOne, 2008) si quieres comprender lo que Jesús y los autores bíblicos tienen que decir sobre el futuro del mundo de Dios.
5. Para una gran lectura sobre lo que el reino de Dios es (o no es), revisa la obra de Scot McKnight, *Kingdom Conspiracy: Returning to the Radical Mission of the Local Church* [Conspiración del reino: Regreso a la misión radical de la iglesia local] (Grand Rapids: Brazos, 2014), un libro que presenta un cambio de paradigma.
6. 1 Pedro 2 v. 9.
7. Por cierto, en modo alguno quiero decir que esto sea un intento anticatólico. Tengo buenos

amigos católicos. Este es un capítulo sobre el trabajo, no una simplificación exagerada del catolicismo. Aun así, no estoy de acuerdo con todo el tema de los curas...

8. El mismo término griego —*diákonos*— se traduce como ministerio, servicio y diácono en la NVI.

9. Rob Bell, *Velvet Elvis: Repainting the Christian Faith* [Velvet Elvis: Una pintura nueva de la fe cristiana] (San Francisco: HarperOne, 2012), 80.

10. 1 Tesalonicenses 2 v. 9. En contexto, trata de la fabricación de tiendas.

Kavod

1. Matt Eastvold: http://eastvoldfurniture.com.

2. 2 Crónicas 7 v. 1-3, cursivas añadidas.

3. Salmo 19 v. 1.

4. Habacuc 2 v. 14.

5. 1 Corintios 10 v. 31.

6. Esta es una gran frase usada en teología para el reino de Dios de ahora/todavía no. Pienso que George Ladd fue el primero en acuñar esta frase en su libro *The Presence of the Future: The Eschatology of Bilbical Realism* [La presencia del futuro: La escatología del realismo bíblico] (Grand Rapids: Eerdmans, 1996).

7. Entrecomillo esto para no minimizar la función del misionero, sino para reconocer lo confuso que es este término. Técnicamente, todos los seguidores de Jesús son «enviados» o «misioneros».

8. Comprueba las últimas palabras de Esteban en www.stephenkenn.com.

9. John R. W. Stott, *Issues Facing Christians Today* [Problemas que hoy enfrentan los cristianos] (Grand Rapids: Zondervan, 2006), 225.

10. Romanos 1 v. 20.

11. Salmo 19 v. 1; paráfrasis mía.

12. Génesis 2 v. 9.

13. Éxodo 31 v. 2-5, cursivas añadidas; Dios es el que habla en este versículo.

14. Tomado de la obra de Ben Witherington, *Work: A Kingdom Perspective on Labor* [Trabajo: Una perspectiva del reino sobre el trabajo] (Grand Rapids: Eerdmans, 2011), 51. Es reamente bueno.

15. 1 Tesalonicenses 4 v. 11-12.

16. 2 Corintios 3 v. 18.
17. Ireneo, *Against Heresies* [Contra la herejía] Libro 4, 20:5-7.
18. 1,126 para ser exacto.

Kazam! Machine

1. Pensamos. En realidad no sabemos. Sobre Ben, me refiero. ¡Pero es, desde luego, una cita errónea de alguien!
2. Su nombre es Ryan Devens, y acaba de empezar una nueva compañía. Verifícalo en www.tailorskeep.com.
3. Todo este párrafo fue inspirado por Dallas Willard. Su libro *The Divine Conspiracy* [La conspiración divina] (San Francisco, 1998) es uno de mis tres libros favoritos de todos los tiempos. Su visión del discipulado es esencial. Dallas, se te echa de menos. Nos veremos en la resurrección.
4. Esta historia se encuentra en Marcos 1 v. 9-11.
5. Ver Salmo 2.
6. Este es el resumen que Marcos hace del evangelio de Jesús, en Marcos 1 v. 14-15.
7. Marcos 1 v. 38, cursivas añadidas.
8. Marcos 1 v. 39.
9. Usa también el término *thaumazo.*
10. Marcos 7 v. 37.
11. Lucas 9 v. 51.
12. Ahora estamos en Juan 17 v. 4.
13. Juan 19 v. 30, cursivas añadidas.
14. Me estoy refiriendo a Dale S. Kuehne. Su libro *Sex and the iWorld: Rethinking Relationships beyond an Age of Individualism* [El sexo y el iMundo: Replantear las relaciones más allá de la era del individualismo] (Grand Rapids: Baker, 2009) es fantástico.
15. Juan 1 v. 19-23, cursivas añadidas.
16. De Martin Buber, *Tales of the Hasidim* [Relatos del Hasidim] (Nueva York: Schocken, 1991), 251.
17. El escritor francés Voltaire fue el primero en decir esto.
18. Proverbios 22 v. 29.
19. Dorothy L. Sayers, *Why Work?* y *Creed or Chaos? And Other Essays in Popular Theology* [¿Por qué trabajar? y ¿Credo o caos? y otros ensayos en la teología pastoral] (Manchester: Sophia Institute, 1995), 106.

20. Romanos 12 v. 6. En Efesios 4 v. 7 se afirma algo similar: «La gracia nos ha sido dada tal como Cristo la distribuyó».
21. Mike Erre. Descarga sus pódcasts aquí: evfreefullerton.com.
22. Esto pertenece al libro autopublicado de Frank *The Shape of Design* [La forma del diseño], 2012, pero puedes ver un breve video con la historia aquí: http://frankchimero.com/talks/the-long-hard-stupid-way/transcript/.
23. Lo que denominamos «comunidad misional».
24. Leí esto por primera vez en *Outliers: The Story of Success* [Valores atípicos: Historia del éxito] (Boston: Little, Brown, 2007), mi libro favorito de Malcolm Gladwell.
25. El premio fue otorgado por la revista *Time.* Si quieres ver una imagen de la silla, ve a http://www.dwr.com/product/earnes-molded-plywood-lounge-chair-lcw.do. Estoy seguro de que lo reconocerás. Tristemente, ya no se hacen con infladores para bicicletas.

La tierra es maldecida

1. Génesis 1 v. 28 de nuevo.
2. *Edén* es un término hebreo que significa *delicia*.
3. Génesis 3 v. 16.
4. Génesis 3 v.17-18.
5. Thomas David Wheeler, «Silicon Valley to Millennials: Drop Dead», CNN.com (18 de marzo, 2015), http://www.cnn.com/2015/03/18/opinions/wheeler-silicon-valley-jobs/.
6. «70% of US Workers Are Not Engaged at Work» [El 70 % de los trabajadores de los EE. UU. no están comprometidos con el trabajo], un informe de *State of the American Workplace,* Gallup.com, http://www.gallup.com/services/178514/stabe-american-workplace.aspx.
7. Las citas siguientes sobre Babel pertenecen a Génesis 11 v. 1-9.
8. Están hablando de edificar una torre en Arabia Saudí llamada Kingdom Tower [Torre del Reino], que medirá *¡3,280 pies!* Es más de media milla de alto.
9. Eclesiastés 2 v. 17, 20-23.
10. Acrónimo usado en este *gran* artículo sobre la generación Y: Tim Urban, «Why Generation

Y Yuppies Are Unhappy» [¿Por qué son infelices los yupies de la generación Y?], *Huffington Post* (15 de septiembre de 2013), http://www.huffingtonpost.com/wait-but-why/generation-y-unhappy_b_3930620.html.

11. Me vi expuesto por primera vez a esta forma de pensar sobre lo bueno y lo malo de los millennials en el *gran artículo* de Joel Stein «The Me Generation: Why Millennials Will Save Us All» [La generación del yo, yo, yo: Por qué los millennials nos salvarán a todos], revista *Time* (20 de mayo de 2013), http://time.com/247/milennials-the-me-me-me-generation/.

12. «Africa Zimbabwe», *The World Factbook,* CIA.gov. https://www.cia.gov/library/publications/the-world-factbook/geos/zi.html.

13. Manel Baucells, Rakesh Sarin, *Engineering Happiness: A New Approach for Building a Joyful Life* [Ingeniería de la felicidad: Nuevo planteamiento para construir una vida feliz] (Oakland: University of California Press, 2012), x.

14. Le robé esta idea a Mike Erre. En realidad, he tomado muchas ideas suyas. Gracias, colega.

No soy una máquina

1. Abraham Joshua Heschel, *The Sabbath: Its Meaning for the Modern Man* [El Sabbat: su significado para el hombre moderno] (Nueva York: Farrar, Straus & Giroux, 1951). ¡Léelo! Con una vez vale.

2. Génesis 2 v. 1-2.

3. Me encanta esta oración del Salmo 90 v. 17.

4. Génesis 2 v. 3.

5. Heschel, *Sabbath,* 8.

6. Éxodo 16 v. 23.

7. En Juan 19 v. 31, al día anterior al Sabbat se le llama «día de la preparación».

8. Esta parte pertenece toda a Éxodo 20 v. 8-11.

9. Lo que, por cierto, no significa que sea inválido.

10. Éxodo 16 v. 29.

11. Romanos 14 v. 5.

El antifaraón

1. El lenguaje de las «dos Torás» es mío. El término *Torá* es un tanto ambiguo. En ocasiones se usa en relación con todo el Pentateuco, de Génesis a Deuteronomio, pero otras veces

(aquí pienso en el escritor Pablo) solo se utiliza en alusión al código mosaico que empieza en Éxodo 20 y llega hasta Números. De una forma u otra, Deuteronomio es muy parecido a una «segunda Torá». Es la reiteración que Moisés hace de la Torá a la siguiente generación, cuarenta años después de que sus padres lo echaran todo a perder. Puede resultar muy interesante ver estas similitudes y diferencias entre ambas. Es todo lo que quiero decir aquí.

2. Para ser más preciso, es cuando se sitúa. Los eruditos no se ponen de acuerdo sobre cuándo se escribió.

3. Esto se encuentra en Éxodo 20 v. 8-10 y en Deuteronomio 5 v. 12-14. Técnicamente, una palabra es diferente. En *Éxodo,* la primera palabra es «Acuérdate» y en Deuteronomio es «Escuchen».

4. Éxodo 20 v. 11; Deuteronomio 5 v. 15.

5. Éxodo 5 v. 4.

6. Éxodo 5 v. 5.

7. Éxodo 5 v. 9.

8. Éxodo 5 v. 10-11.

9. Éxodo 5 v. 13.

10. Éxodo 5 v. 17-18.

11. Éxodo 5 v. 11. No es de sorprender que tome su nombre de los faraones.

12. Mark J. Perry, «America's Ridiculously Large $16 Trillion Economy», *American Enterprise Institute* (8 de febrero de 2014), https://www.aei.org/publication/americas-ridiculously-large-16-trillion-economy/print/.

13. Ibid.

14. Ibid.

15. Ibid.

16. Ibid.

17. Heschel, *Sabbath,* 3. Una vez más, ¡léelo! ¡Es tan bueno! Este lenguaje, en realidad todo este capítulo, está inspirado en *Sabbath as Resistance: Saying No to the Culture of Now* [El Sabbat como resistencia: decir no a la cultura del ahora], de Walter Brueggemann (Louisville: Westminster John Knox, 2014). Una lectura impresionante. Vuelve a leerlo para aprender más.

18. YHWH son las letras hebreas subyacentes a la traducción de «el Señor». Suena como un título, pero en hebreo es un nombre propio.

El Señor del *sabbat*

1. Esta historia es de Marcos 2 v. 23–3 v. 6.
2. De nuevo, Éxodo 20 v. 8-11.
3. Juan 19 v. 14.
4. Esto es Mateo 11 v. 28-30 en *The Message.* Muy divertido de leer.
5. Brueggemann, *Sabbath as Resistance,* 43.

Vida después del cielo

1. 2 Pedro 3 v. 10.
2. 2 Pedro 3 v. 13.
3. Joel 2 v. 31.
4. Isaías 65 v. 17-18, 21-23, cursivas añadidas. Lee el resto del pasaje. Es impresionante.
5. Isaías 25 v. 6.
6. Joel 3 v. 18.
7. Amós 9 v. 13-14.
8. Isaías 25 v. 7-8.
9. N. T. Wright en *Surprised by Hope* y un montón de otros sitios.
10. Ver Filipenses 1 v. 23 y 2 Corintios 5 v. 8.
11. De Apocalipsis 6 v. 9-11, pero todo el vislumbre del cielo está en Apocalipsis 4–6.
12. Mateo 19 v. 28.
13. 1 Corintios 6 v. 10 y Hechos 13 v. 46.
14. Hechos 3 v. 21.
15. 2 Pedro 3 v. 13.
16. Apocalipsis 21 v. 1.

El pueblo del futuro

1. Esto es un pequeño robo a Rob Bell, *Love Wins: A Book about Heaven, Hell, and the Fate of Every Person Who Ever Lived* [El amor gana: Un libro sobre el Cielo, el Infierno y el destino de cada persona que haya vivido] (San Francisco: HarperOne, 2011). No respaldo este libro en lo más mínimo, pero su capítulo sobre el cielo es excelente (aparte de que llama al futuro «cielo», cosa que los autores bíblicos nunca hacen).
2. 1 Corintios 15 v. 58.
3. Apocalipsis 1 v. 6.
4. Apocalipsis 3 v. 21.
5. Apocalipsis 5:10.
6. Apocalipsis 20:6.
7. Apocalipsis 22:5.
8. 2 Timoteo 2:12.
9. Apocalipsis 14:13.
10. Apocalipsis 21:24, 26.
11. De Miroslav Volf, *Work in the Spirit: Toward a Theology of Work*

[El trabajo en el Espíritu: Hacia una teología del trabajo] (Eugene, Ore.: Wipf & Stock, 2001), 91.
12. 1 Corintios 3 v. 10, 12-15, cursivas añadidas.
13. De N. T. Wright, *Surprised by Hope,* 193. Este es, sin duda, el mejor libro sobre escatología que he leído. De hecho, uno de los mejores libros sobre cualquier tema que haya leído. Sinceramente, cambió mi vida. ¡¡Léelo!! (doble signo de exclamación para mayor énfasis).
14. Todo esto es de Lucas 19, cursivas añadidas.
15. Colosenses 3 v. 23-24.
16. Alex Ross, «Revelations: The Story behind Messiaen's "Quarted for the End of Time"» [Apocalipsis: La historia detrás del *Cuarteto para el fin de los tiempos* de Messiaen], *The New Yorker* (22 de marzo de 2004), http://www.newyorker.com/archive/2004/03/22/040322crmu_music?currentPage=all.
17. Si quieres saber más, lee el libro de Rebecca Rischin, *For the End of Time: The Story of the Messiaen Quartet* [Para el fin de los tiempos: La historia del cuarteto Messiaen] (Ithaca, N. Y.: Cornell University Press, 2006).
18. 2 Corintios 5 v. 17, cursivas añadidas.

Epílogo: Redefinición de la grandeza

1. Del artículo de Lynn Hirschberg, «The Misfit», *Vanity Fair* 54, núm. 4 (abril de 1991); 160-69, 196-202.
2. Tomado de Marcos 9 v. 34 y el resto de la historia es del párrafo siguiente.
3. Platón, *Gorgias,* 491e.
4. Esa alusión es a 1 Timoteo 6 v. 19. ¡Qué forma tan extraordinaria de expresarlo!
5. Marcos 9 v. 36-37.
6. Un gran término. El artículo es de Joseph Epstein, «The Kindergarchy: Every Child a Dauphin», *The Weekly Standard,* 13, núm. 37 (9 de junio de 2008): http://www.weeklystandard.com/Content/Public/Articles/000/000/015/161yutrk.asp.

Gracias

A Jesús, por permitirnos gobernar el mundo contigo.

A Tammy, Jude, Moses y Sunday, por las mañanas de *Blue Star*, las noches de *Star Wars* y la vida juntos. Los amo tanto que duele.

A mis padres, por enseñarme a soñar.

A mi familia de MC, por mostrarme lo que nunca tuve y siempre necesité. Fullers, ¿en tu casa este martes?

A Matt Norman, por ser más cercano que un hermano.

Al Dr. Gerry Breshears, por leer los primeros borradores y amarme de todas maneras.

A N. T. Wright, por volver a enseñarme cómo leer toda la Biblia. Y por el desayuno en San Francisco. Todavía pienso en esa conversación.

Bridgetown Church, ¿por dónde empiezo? Todavía no puedo creer que me toque hacer esto con ustedes. *En Portland como en el cielo*.

Al equipo de Bridgetown —Gerald, Deanna, Bethany, Alex, Salzy, Matt, Travis, Patrick, Justin, Josh y Tyler—, los amo como a mi familia.

A todos en Zondervan —Carolyn, David, Tom, Jennifer, Kait, Becky, Joe, Merideth, Paige—, han sido increíbles. Y aquella cena en Nashville fue excelente.

A todos los maestros y escritores que dieron forma a este libro: N. T. Wright, Chris Wright, Dallas Willard, Tim Keller, Ben Witherington, Abraham Joshua Heschel, Walter Brueggemann, Gerry Breshears, Richard Middleton y más. Dudo haber tenido alguna vez un pensamiento original. Mi meta es simplemente difundir su obra lo más ampliamente posible. Ojalá los haga sentir orgullosos.

John Mark Comer vive, trabaja y escribe en Portland, Oregón, junto con su esposa, Tammy, y sus tres hijos, Jude, Moses y Sunday.

Es el pastor encargado de la enseñanza y la visión en Bridgetown Church y tiene un máster en Estudios bíblicos y teológicos de Western Seminary. John Mark también es autor de *Practica el camino* y *Dios tiene un nombre*.

Para más enseñanzas de John Mark sobre las Escrituras, Jesús y la vida, visita bridgetownajc.org, suscríbete al pódcast o visita www.johnmarkcomer.com.